神話の時代からの
長い伝統を受け継ぐ
太神楽

仙三郎親方は芸歴六十有余年、
数々の至芸をもつ

年間五百回近く高座に上がる寄席色物の第一人者

伝統を未来へつなぐために残す

太神楽

寄席とともに歩む日本の芸能の原点

鏡味仙三郎

原書房

目次

第一章

太神楽「紙上高座」

仙三郎「替わりましては
太神楽をご覧に入れます。
丸一《まるいち》の仙成《せんなり》、仙志郎《せんしろう》、仙三郎《せんざぶろう》です。
どうぞよろしくお願いいたします」

出囃子に乗って高座に登場

鏡味仙志郎 傘の曲「脳天試し」

仙三郎「まずは傘の曲芸、立て分けより……八方は立て分け。傘を開いて、頭の天辺《てっぺん》に立てます。『脳天試し』。

今度は傘の骨を立てます。『阿弥陀《あみだ》様は後光《ごこう》試し』。

さあ、これからが本番です。毬《まり》の回し分け……はい、回り始めました。いろんな回し方があります。端の方へ……これが『小縁渡《こべりわた》り』。

替わっては、片手の回し分け。右(手)から左(手)へ。

傘の周りをだんだんと速く回します。『乱回し』……ストップ！

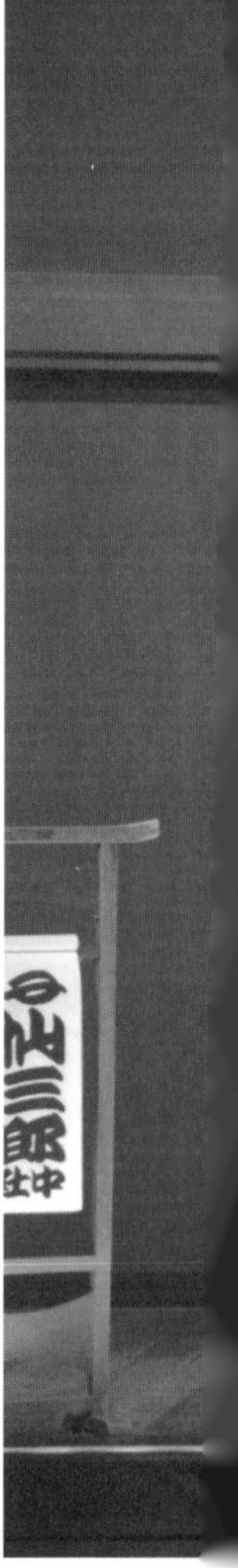

替わりまして、今度は枡《ます》です。四角い枡が丸《まある》く回って見えます。枡の回し分け……はい、回り始めました。『淀《よど》の川瀬《かわせ》は水車《みずぐるま》』。

皆様、ますますご繁盛は枡の回し分け……フルスピード！

はい。枡の回し分けでした。さあ、今日はもう一つ回そう」

毬の回し分け「小縁渡り」

枡の回し分け

茶碗の回し分け

仙志郎「今度は落とすと割れてしまうものです。こちら、湯飲み茶碗。これを、最初は傘の上で横にして回します。そして、だんだんと起き上がるように回れば大成功です。

　お茶碗の回る音を聞いていただくために、三味線・太鼓を一度お休みしていただきます。

　では、茶碗の回し分け……はい。まずは横になって回り始めました。これからだんだんと起き上がるように回していきます。うまくいきますか……まだ回っています。はい。傘の曲芸でした」

顎に立てた台茶碗に
仙三郎「それでは選手交替で、五階茶碗は器《うつわ》の立て物。顎の上に物を積み上げていきます。板が一枚……お茶碗を載せます。
板は二枚……また、お茶碗を載せます。

次々に積み上げる
房は化粧房《けしょうぶさ》。お茶碗を左右に載せます。房は井桁積《いげたづ》み……はい、この通り」

鏡味仙成 五階茶碗「親指試し」

仙三郎「積み上がりますと、これが『日光《にっこう》は相輪塔《そうりんとう》の形』。撥《ばち》は二段。難しくなります。『親指試し』……はい。
毬が一つ。撥と撥の間に毬を挟みます。手が離れますと、『十五夜は満月の形』。
それでは、毬がもう一つ。丸《まあ》い物と丸《まあ》い物。決まりますか……はい、この通り。
さらに難しくなります。開いた扇子《せんす》でくわえた撥の先に立てます。

「沖の大船は船揺すり」

扇子を間に挟みます。手拍子合図に、扇子を抜き取ります。『抜き扇《おうぎ》』……はい、大成功。

さらに、もう一段高くなり……おでこに立てて、揺らします。『纏振《まといぶ》り』。

細き釣糸を……細い糸の上に立て物を載せ、このまま空中高く吊り上げます。下がって、『小笠原《おがさわら》流《りゅう》御前試《ごぜんだめ》し』。『沖の大船《たいせん》は船揺《ふなゆ》すり』。

最後は篠《しの》の根元に糸を一巻き。右から左へ回って通います。『回し灯籠《どうろう》』。

はい。無事終点に到着しました。積み上げた順番に下ろしていきます」

鏡味仙三郎「寄席の中村吉左衛門です」

仙三郎「さあ、お待ち遠様でした。お待ち遠様でした。私が寄席の中村《なかむら》吉《きち》右衛《え》門《もん》です（笑）。

（直後に、楽屋でチンという鉦《かね》の音）前座さん、ありがとう。それでは、土瓶《どびん》の曲芸をご覧ください」

仙志郎「まずはお撥をくわえまして、この上に土瓶を載せます。はい、のっかりました。

前後に動きます。土瓶を横にします……それ。はい。横になりました。

では、このまま一回り……よいしょ。はい。一周しました。

続いて、蓋を取ります。これがなかなか難しいんですが……（仙三郎が右手を蓋に近づける）、手は使っちゃだめ（笑）」

蓋を右手へ落とす

土瓶を後方へ放る

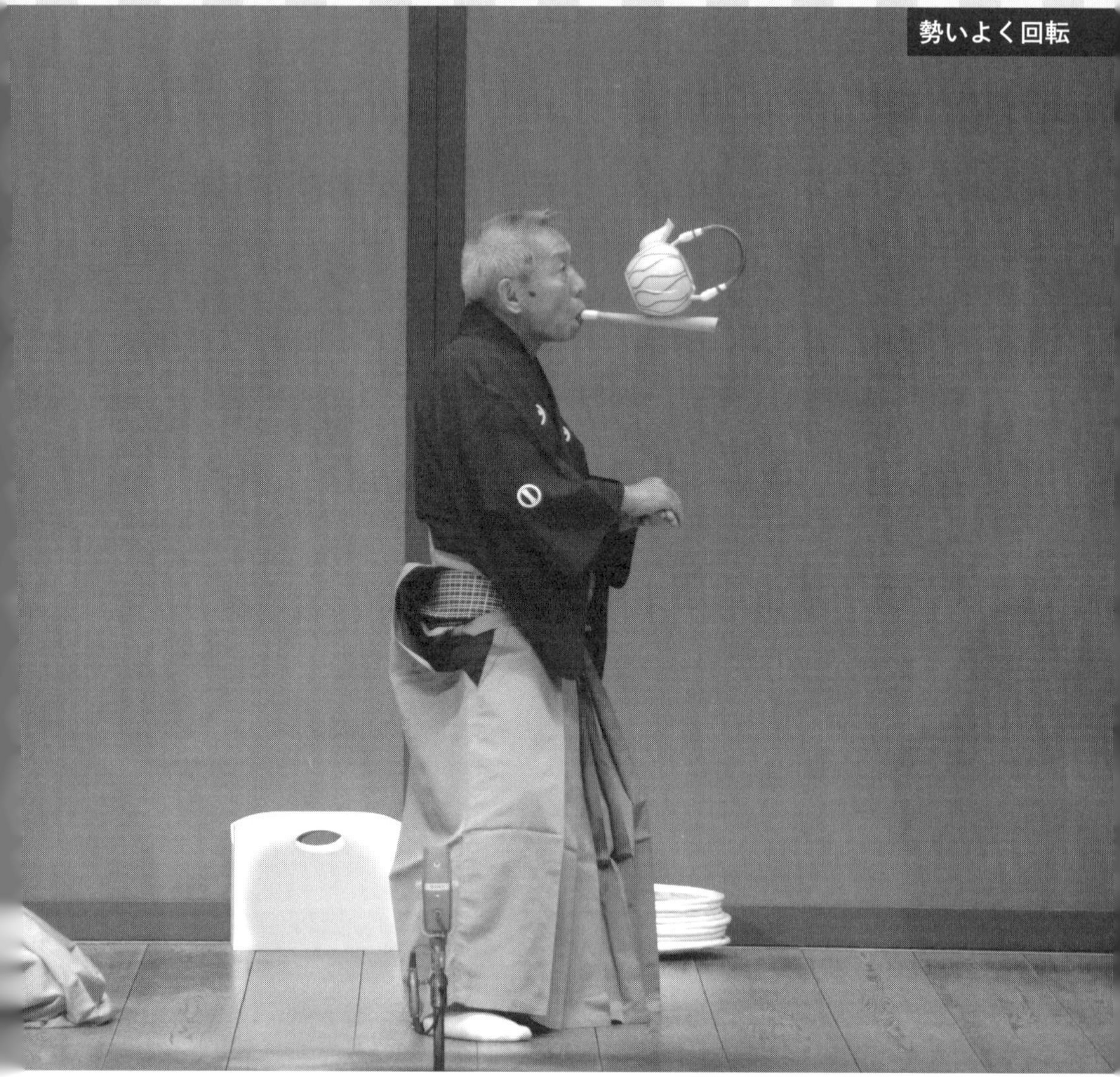

仙志郎「手を使わずに取ります。いらっしゃい。
前後に転がります。それ、今度は宙返り。続いて、頭の上を越えます（真後ろへ放ったものを仙志郎が受け取り、放り返した土瓶が撥に乗る）。
おしまいは勢いよく回るところ……はい。回りました。
では、曲芸の締めは花笠と撥の曲芸です。まずは三本の取り分けより」

二人は身支度を

撥の曲「山越し」

仙成「(撥を持って登場し)お撥は自由自在です。まず最初は『中抜き』『外抜き』、続いて『山越し』、右左《みぎひだり》から『入れ違い』、おしまいは『切り込み』……連続で」

花笠の曲取り
仙三郎「(花笠三枚の曲取りを披露してから)では組取りです(仙三郎と仙志郎で花笠五枚の組取り、さらに、仙成が加わり、最後は九枚にまで増える)」

いよいよ大詰め

向かい合っての組取り

高座を笠が舞う

撮影協力＝上野鈴本演芸場

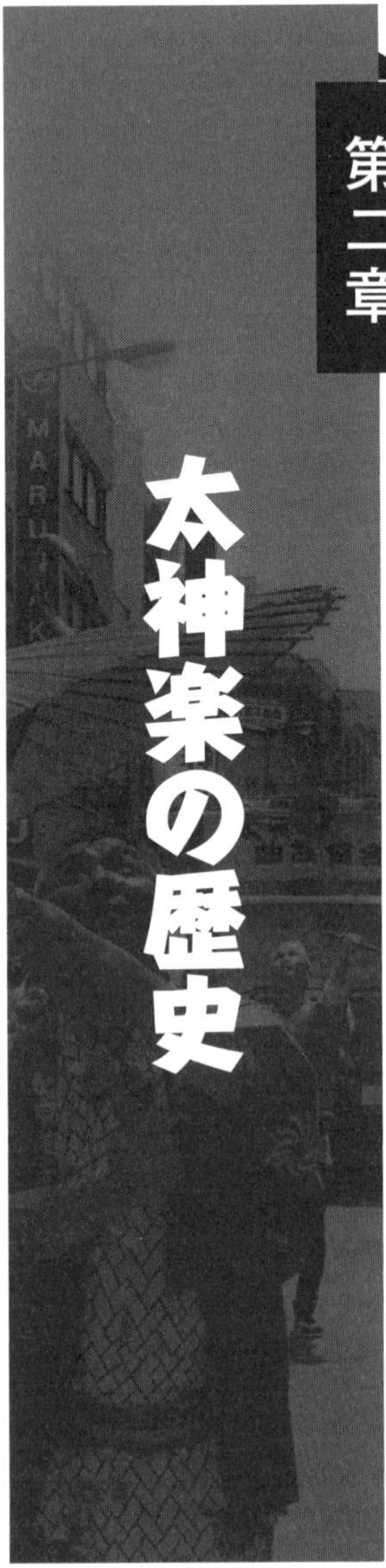

第二章 太神楽の歴史

将門《まさかど》公の御前で曲芸を披露

　私のテレビドラマ初出演は昭和五十一年に放映されたＮＨＫの大河ドラマ「風と雲と虹と」で、主人公の平《たいらの》将門が加藤剛《かとうごう》さん、もう一人の主役である藤原純友《ふじわらのすみとも》が緒方拳《おがたけん》さんという配役でした。

そして、私の役はというと、新皇《しんのう》と称して乱を起こした将門の乱を鎮圧した立役者の俵《たわらの》藤太《とうた》……ではなくて、実は名もない太神楽師の役だったんです。

海音寺潮五郎《かいおんじちょうごろう》先生原作のこのドラマには、時代劇にしては珍しく、一般庶民が数多く登場しましたが、私もそのうちの一人で、農民の姿をして道端で曲芸を演じていると、将門公がたまたま通りかかってご覧になるという場面でした。本当は御前で披露するはずじゃなかったんですけど、加藤さんが「私がいた方が盛り上がるでしょう」と監督に頼んでくれて、そのように変更されたんです。

その時やったのは「鍬《くわ》の曲」といって、鍬の刃に木の椀を載せて、落ちないように振り回すという演目でした。私が入門した昭和の時代でも、普段は農業をやっていて、お正月などの書き入れ時だけ太神楽師になるという人が地方にたくさんいましたから、それと同じような設定だったわけです。さすがに今は、そういう例はなくなりましたけどね。

ちょうど私が出演したのはある回のラストシーンで、次週もそこから始まりましたから、私の顔が二週続けて全国のお茶の間に流れました。何しろ年間の平均視聴率が二十四パーセントという人気ドラマですからねえ、大変な反響で、ずいぶんいろいろな人に声をかけられましたよ。

太神楽の歴史を説明するはずが、いきなり自慢話めいてしまいましたが、ここでちょっと考えてみていただきたいんです。もし「平将門公の前で誰かが落語を一席」なんて時代劇をテレビで放映したら、どうなりますか？　即座に苦情が殺到して大変なことになるでしょう。

なぜなら、落語家という職業が歴史に登場するのは十七世紀後半の元禄時代。それ以前にさかのぼることは難しいと聞いています。これに対して、平将門の乱が起きたのは西暦九三九年。源頼朝《みなもとのよりとも》公が鎌倉に幕府を築いたのが一一八五年ですから、それより百五十年近く昔、早い話が、まだ平安時代です。

NHKの大河ドラマは毎回その時代の専門家が監修にあたっていますから、つまり、そういった学者の先生が平安時代、すでに太神楽師、そう言ってまずければ、その前身となった芸を演じる人々が存在していたと認めてくださったことになります。

太神楽と聞くと、お正月のテレビ番組などで傘の上で毬《まり》を回している姿しか頭に浮かばない方も多いでしょうが、実は非常に長い歴史をもつ、伝統のある芸能なんです。

私のこの本をお読みになって、皆様が太神楽について少しでも興味をもっていただければ、これに勝る喜びはありません。

起源は天岩戸《あまのいわと》の神話

正直なところ、私は芸を演じる方が専門で、太神楽の歴史について、それほど詳しくはありません。ただ、私の師匠である江戸太神楽十二代目家元鏡味小仙《かがみこせん》（一九一八〜一九八一）が『江戸太神楽』という本を残してくれていますので、それに民俗芸能を研究されている先生方から教えていただいたことなどを加えて、この機会にまとめてお話ししてみたいと思います。

そもそも「神楽《かぐら》」という言葉の語源は「神座《かむくら》」で、天から光臨される神を私たち人間が用意した場所にお招きするために巫者《ふしや》が演じたものです。一般的には「巫女《みこ》」といいますが、そもそも「巫」は女性を意味する漢字で、「神おろし」をする男性は「覡《げき》」。両方合わせて「巫覡《ふげき》」と呼ぶのだそうです。

我々の年代であれば、誰もが知っている天岩戸の神話。あの中で、岩戸の奥に隠れた天照大神《あまてらすおおみかみ》を外へ出すため、天宇賣女命《あまのうずめのみこと》が神がかりして舞ったのがお神楽の起源だとよく言います。だから、太神楽の根っこを目一杯深く掘ると、どうしてもそこに行き着いてしまう。それくらい古い伝統をもつ芸能なんですね。

神楽の分類方法はいくつかあるようですが、その一つを紹介しますと、まず宮中で演じられる御《み》神楽と民間に広まった里《さと》神楽とに分けられ、さらに里神楽はその演じられる形態によって、巫女神楽、出雲《いずも》流神楽、伊勢《いせ》流神楽、獅子《しし》神楽の四つに

天照大神の岩戸が開く

分類されます。

私たちが日々演じている江戸太神楽は、このうちの「獅子神楽」の範疇《はんちゅう》に含まれます。ですから、我々のそもそもの本業は獅子舞で、曲芸とか、現在の漫才やコントに似た茶番《ちゃばん》などはあくまでも添え物だったんですね。

けれども、近頃は曲芸だけを生業《なりわい》とする太神楽師が多くなってしまいました。これも時代の流れで仕方ないのでしょうが、本来のあり方は違うということは申し上げておきたいと思います。太神楽は、祈禱によって人々の幸せを願う「祝福芸」の一つなのです。

神事芸能と舞台芸能

『日本書紀』によると、西暦六一二年、推古《すいこ》天皇の時代に、朝鮮半島の百済《くだら》から中国の伝統芸能である伎楽《ぎがく》が伝わりました。これは笛や鼓《つづみ》などの伴奏によって、野外で行われた仮面劇なのですが、その演目の中に「唐獅子《からじし》の舞」があるので、この時に獅子頭《ししがしら》も伝来したと考えられています。

獅子はもちろんライオンの別称ですが、この場合はそれをモデルとした想像上の動物のことで、中国から伝来したので「唐獅子」と呼ぶこともあります。古くから、獅子は悪魔を祓《はら》う霊獣として崇められてきました。

八世紀の奈良時代に入ると、獅子は伎楽から独立して、寺院の法会《ほうえ》や神社の祭礼で行列の先導を務めるだけでなく、舞台にも登場して、悪魔を退散させるためのさまざまな所作《しょさ》を演じるようになりました。

この時代の朝廷は唐《とう》を手本として政治機構を整え、同時に散楽《さんがく》と呼ばれていた芸能も式楽《しきがく》として取り入れました。「式楽」は儀式に用いられる音楽や舞踊のことです。散楽は音楽、舞楽、曲芸、寸劇、物まね、奇術などで構成され、古代の中国で流行していた芸能をすべて網羅していました。

奈良時代の半ば、七五二年に東大寺大仏の開眼供養会《かいげんくようえ》が営まれましたが、そこで獅子舞が奉納され、この時に使用された獅子頭は正倉院に今でも所蔵されていますし、また同じ供養会で散楽が演じられたという記録も残っています。

しかし、奈良時代の終わり頃になると、財政難を理由に式楽の制度が廃止されてしまい、散楽師たちは庶民の間で活動するようになりました。街角や寺院の門前などで芸を披露するようになったのです。

そして平安時代に入ると、散楽は猿楽《さるがく》と名称を変え、さらに農村発祥の田楽《でんがく》とも結びつきを強めました。当時演じられていた内容ははっきりしませんが、軽業《かるわざ》や曲芸、手品、物まねなど多彩な演目があったと考えられています。

ですから、最初のところで、大河ドラマに私が初出演した時の役名を「太神楽師」と言いましたが、あれはあくまでも便宜上で、平安時代には、そういう名前の職業はまだ存在していません。

さて、鎌倉を過ぎ、室町時代になると、放下師《ほうかし》や放下僧と呼ばれる遊芸人が活動を始め、散楽系の曲芸をしたり、コキリコを打ちながら歌をうたって歩くようになりました。「コキリコ」は長さ七寸五分の竹を両手に一本ずつ持ち、回しながら打ち鳴らす楽器で、富山県の民謡「こきりこ節」にも登場します。「放下」は禅から出た言葉で、本来は「ほうげ」と読み、「一切の執着を捨て去る」という意味だそうで、今でも伊勢大神楽では曲芸のことを「放下」と呼んでいます。

そして、十六世紀初めになって、この放下と獅子舞とが融合し、太神楽が誕生したと考えられています。この頃、伊勢《いせ》国度会《わたらい》郡山田《やまだ》郷というところで飢饉《ききん》と疫病を退散させるため、家々を回って獅子を舞い、報謝を受けたという記録が残っています。

つまり、わざわざそのルーツを探らなくても、太神楽は四百年というとても長い歴史をもち、さらに神事芸能と舞台芸能の両面を合わせもつところに大きな特徴があります。

火伏《ひぶ》せ、悪魔祓い、息災延命などを祈念する獅子舞と、人々を楽しませるための曲芸などの余興。それらが両方とも太神楽師の仕事として、現在まで伝承されています。

江戸太神楽の誕生

江戸太神楽は大きく伊勢派と熱田《あつた》派に分かれますが、これは芸の内容の違いではなく、発祥当初の大神宮の御師《おし》の出身地による区別が元になっています。御師は「おんし」と読む場合もあり、信者の依頼を受けて参詣人の案内をしたり、代わりに祈禱を行ったりする人たちのことで、平安時代に始まり、鎌倉から室町にかけて、その数が増えていきました。

江戸時代になると、御師たちが獅子頭を奉じて諸国を巡り歩いたという記録が現れるようになりますが、その一部は江戸にも入り、それぞれ一派を形成しました。家々を回って獅子舞を演じ、お祓いをして、それぞれ伊勢神宮や尾張《おわり》の熱田神宮のお札や暦を配ったわけです。

この時代の庶民の夢は一生に一度でいいから伊勢参りや熱田参りをすることで、その熱狂ぶりは全国に伊

江戸時代の獅子舞。菱川師宣画

勢講や熱田講ができたことからもわかります。ですから、経済的な理由などで夢が実現できない多くの人たちにとっては、向こうから出張してきてくれる彼らはとてもありがたい存在だったのでしょう。

落語の名作である「富久《とみきゅう》」の中に「大神宮《だいじんぐう》さまのお祓い」という言葉が出てきますけれど、つまりはそれくらい一般的な存在で、江戸時代、御師は神職と農民の中間の身分とされていました。

ちなみに、現在太神楽を伝承している地域は伊勢、水《み》戸《と》、江戸の三カ所ですが、その表記に違いがあって、伊勢と水戸では「大神楽」が、そして、江戸では「太神楽」が用いられています。

これは別にどれが正しいというわけではなくて、古くは大、太、代の三つの字が混在していたようです。そもそもは代参の意味から「代神楽」と表記していたとする説をよく聞きますが、そうではなく、規模や等級を表す意味で「大神楽」と呼んだとか、あるいは「太神宮」と表記する場合もあるので、「太神宮様の御神楽」で「太神楽」だとか、いろいろな説があります。とりあえずこの

籠毬を演じる太神楽師。太鼓に丸一の紋がある

本では、固有名詞以外はすべて「太神楽」で統一することにしました。

両派のうち、江戸に出たのは熱田派の方が少し早く、熱田神宮大宮司《だいぐうじ》の配下にあった人たちが一六六四年に苗字帯刀を許されて江戸へ赴き、武家屋敷を巡ったのが最初とされています。

そして、その五年後の正月には、江戸城内で四代将軍徳川家綱《とくがわいえつな》公の上覧の栄に浴し、それ以降は毎年江戸に上ることが恒例となり、また山王権現《さんのうごんげん》や神田明《かんだみょう》神《じん》の祭礼で先払いの役を務めるようになりました。つまり、我々の大先輩が祭礼行列の先頭を祓い清めながら歩いたわけです。

そんなご縁があったおかげで、今でも神田祭の時には、うちの協会員も行列に参加して、芸を披露しながら練り歩いています。

初期の頃、太神楽師たちは正月の行事のために江戸へ赴き、三月頃に国に戻っていたのですが、やがてそのまま帰国しない者も多くなり、十八世紀に入ると、江戸在住の太神楽師の間で地域ごとに十二の

神田祭の行列で傘の曲を演じる筆者

組合が結成されました。その支配頭《しはいがしら》となったのが鏡味権之進《ごんのしん》で、この人物が通称「丸一《まるいち》」と呼ばれる江戸太神楽の代表的な家号の元祖です。

その紋も字の通り、「○に一」に見えるのですが、実はそうではなく、「津《つ》で一番」という意味だと聞きました。祖先である熱田神宮の御師たちに摂津《せっつ》国の出身者が多かったということでしょうね。そして、丸一はさらに赤丸一と白丸一という二つの系統に分かれ、私はこのうちの白丸一の流れを汲んでいます。

一方、江戸太神楽の伊勢派は、熱田派よりも少し遅れて江戸へ出て、同じように組合を結成しました。こちらは佐藤《さとう》家が中心で、その後、いくつかの系統に分かれ、私が知っている時代には海老一《えびいち》海老蔵《えびぞう》（一九〇六～一九六四）・菊蔵《きくぞう》というコンビが寄席に出ていました。「おめでとうございます！」という流行語で一九八〇年代に一世を風靡《ふうび》した染之助《そめのすけ》（一九三四～二〇一七）・染太郎《そめたろう》（一九三二～二〇〇二）のコンビは海老蔵さんの弟子です。

歌舞伎にも取り入れられた太神楽

江戸に定着した太神楽師たちは、それぞれが縄張りとした地域の家々をお祓いして歩き、これを町内回りと呼びました。例えば、白丸一は祖である権之進以来、ずっと檜物町《ひものちょう》に住み、その近辺の町内回りを続けました。「檜物町」は現在の八重洲《やえす》一丁目、日本橋《にほんばし》二・三丁目あたりの旧町名です。そして、大きく分けて、熱田派が江戸市中を回っていたのに対し、伊勢派は主に周辺部をその地盤としていたようです。

町内回りでは、獅子舞でお祓いをするのはもちろんですが、人々の興味を惹くため、それ以外に曲芸や音曲《おんぎょく》、神楽芝居、茶番など、笑いの要素なども加味しながら、さまざまな演目が工夫されました。つまり、江戸時代の庶民の需要によって、太神楽は多様化し、総合芸術と呼ぶのにふさわしい形へ発展していったのです。

江戸市中での太神楽の流行は歌川豊国《うたがわとよくに》や歌川国芳《くによし》などの浮世絵師によって盛んに描かれ、のちには歌舞伎の舞踊の中にも取り入れられています。

一つは清元《きよもと》の「鞍馬獅子《くらまじし》」で、これは本名題《ほんなだい》を「夫婦酒替ぬ中仲《めおとざけかわらぬなかなか》」といい、太神楽師に身をやつした源義経《みなもとのよしつね》の家来・御厩《おうまや》の喜三太《きさんだ》が獅子を舞います。

そして、もう一つが常磐津《ときわず》の「神楽諷雲井曲毬《かぐらうたくもいのきょくまり》」、通称「どんつく」で、一八四六年、江戸三座の一つである市村座《いちむらざ》の新春興行で四代目中村歌右衛門《なかむらうたえもん》が初演しました。旦那が芸者や幇間《ほうかん》を連れて正月の初詣でに行く道すがら、茶店で一同が休憩する前で丸一の太夫が得意の曲芸を演じるという江戸風俗を巧みに取り入れた華やかな舞踏です。

披露される演目は「曲太鼓《きょくだいこ》」と「籠毬《かごまり》の曲」で、特に太夫が籠毬を演じている時に田舎者の荷持ちが奇妙な口調や身振りで愛嬌を添えます。この荷持ちの役のことを「どんつく」と芝居の方では言い習わしていますが、太神楽の世界では「どんつく」と言えば籠毬の曲を指します。これも、この狂言が大評判になったせいでしょう。ちなみに、初演の際には、歌右衛門自身が荷持ちを演じました。

籠毬の曲は「花籠毬の曲」ともいいますが、その中身については、あとでまた詳しくご説明するつもりです。籐《とう》を編んで作り、上に毬受けをつけた道具を使って毬を操る、とても華やかな演目で、お正月の場面にまさにぴったり合っています。

ちなみに、「曲太鼓」は太神楽で演じられる茶番のひとつで、後見が桶胴《おけどう》太鼓を持ち、太夫が撥の曲芸を演じながら二人で滑稽な掛け合いをしますが、歌舞伎の「どんつく」の場合は、その様子が踊りの手の中に入っているわけです。

初演以来の慣例で、歌舞伎で「どんつく」が上演される際には丸一の家元に挨拶があり、その都度出向いて曲太鼓や籠毬の稽古をしたと聞いています。私も平成二十五年に亡くなった十二代目市川團十郎《いちかわだんじゅうろう》さんにお教えしたことがありますが、その話はのちほど申し上げることにします。

幕末になると、江戸の町には寄席が数多く作られ、出演する芸人の数が足りなくなってしまいました。そこで目をつけられたのが太神楽師たちで、誘いを受け、寄席の高座に上がるようになります。そういう場所ではやはり曲芸が一番喜ばれますから、そちらに重点が移ったのは当然でしょう。

江戸幕府の庇護《ひご》を受け、隆盛を誇った太神楽師たちですが、明治維新後は神職の資格を奪われ、遊芸人として扱われます。新たな時代に対応するため、明治三十年に浅草で太神楽の小屋がけ興行が始まり、また、新たに外国から入ってきた風俗や西洋のジャグリングの技術なども取り入れました。その後、太神楽は時代に合わせた演目を工夫することによって大衆の人気を得て、現代までその伝統を守ってきたのです。

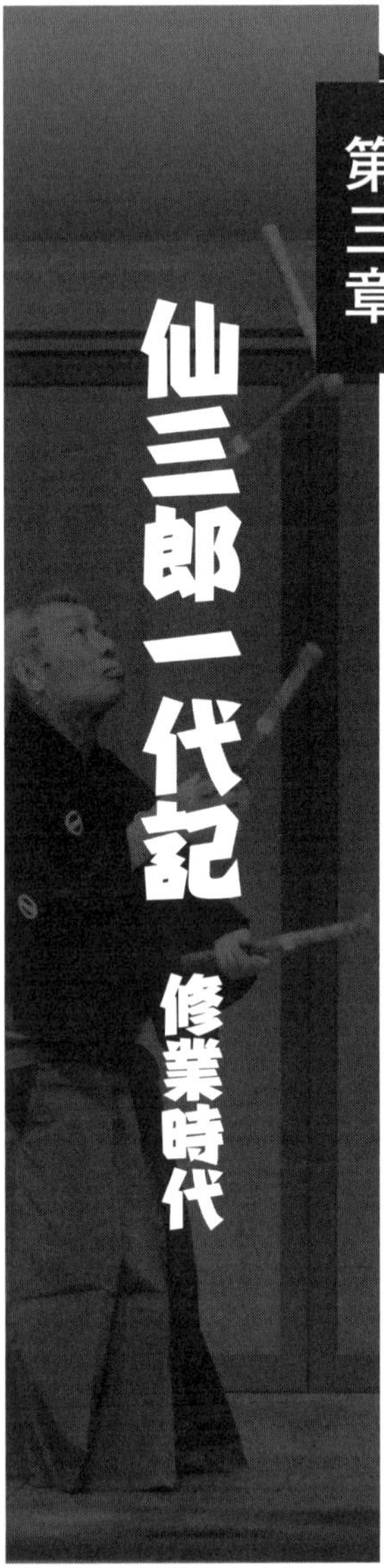

第三章 仙三郎一代記 修業時代

生まれと盛岡《もりおか》時代

太神楽師がどのような暮らしをしているか。それをご理解いただくために、まずは私自身のこれまでの歩みを振り返ってみたいと思います。

私の本名は大木《おおき》盛夫《もりお》といいまして、昭和二十一年八月十二日に岩手県盛岡《もりおか》市で生まれました。

戦後のベビーブームのいわば先駆けにあたりますが、まさにその通りで、出征していた父親が母親の実家である盛岡へ戻ってきて、その翌年に私が誕生したんです。父の名前は淳《じゅん》で、当時三十三歳。母は貞子《ていこ》といって、二十四歳でした。

四歳年上の長女、三歳上の次女、私、二つ下の弟の四人きょうだいですが、弟がまだ赤ん坊の時、母が急に病気で亡くなってしまいました。詳しくは知りませんが、風邪をこじらせて、肺炎で亡くなったようです。今と違って、昔、田舎ではそういう例が多かったんですよ。

今回探してみたところ、姉二人が両親に抱かれている写真が出てきましたが、私自身が赤ん坊の時の写真は見つかりませんでした。

母が他界した時、私はまだ三歳でしたから、まったく記憶はありません。というより、その後すぐに、福島県会津《あいづ》若松《わかまつ》市の父方の祖父の家に引き取られましたから、盛岡にいた頃の記憶がそっくりないんです。今の人たちは三歳くらいのことをちゃんと覚えているみたいですが、私は何も思い出せないですね。

ただ、不思議なことがありましたよ。私が十八、九の頃、太神楽師として全国を歩くうちに、たまたま盛岡で仕事があったので、自分の実家を捜してみたんです。なかなか見つからなくて、時間がなくなってしまい、もう帰ろうと思いながら前を見たら、そこが目指す家でした。ちょうどお

姉二人を抱いた両親

盆の時期でしたから、母が教えてくれたような気がしましたね。

家は建て替えられていましたが、母方の伯父さんが住んでいて、南部鉄瓶の職人をしていました。だから、もし私がずっと盛岡で暮らしていたら、今頃は鉄瓶を作っていたかもしれません。人の運命というのはわからないものですね。

私が祖父の家に引き取られることになった理由は、母が亡くなったあと、父が子供を置いたまま行方知れずになったせいです。親父は巡査をしていたと聞いてますから、お巡りさんが蒸発するというのも変な話なんですが、そのあたりの事情はよくわかりません。結局、長女だけが盛岡の実家に残り、次女は養女に、弟も養子に出されました。

そんなふうに、まったくばらばらに育ちましたから、きょうだいといっても、あまり実感はないですね。上の姉とはつき合いがありますが、下の姉や弟とはほとんど顔を合わせる機会がありません。

その後、親父には一度だけ会いました。もう二十歳を過ぎて、師匠の元で内弟子修業をしていましたけど、たまたまお祖父さんを訪ねてきた時に会ったんです。でも、家を出たいきさつについては何も教えてもらえませんでした。

川崎《かわさき》の方に住んでいたようですが、何の仕事をしていたかも知りません。ただ、上の姉がたまたまその近くに嫁いでいたために交流があって、亡くなったことがわかったんです。

そういう生い立ちですが、私にとっては師匠が親代わりだったので、両親が揃っている友達を見ても焼き餅を焼いたりはしませんでした。まあ、自分たちを捨てた父親を恨む気持ちが全然なかったと言えば嘘になりますが、私には芸がありましたから。

本当に、師匠は私を実の子のように育ててくれましたからねえ。それは、とても幸せなことだったと思っています。

上野桜木町《うえのさくらぎちよう》

会津若松にいた祖父も巡査をしていましたが、私が引き取られた時にはもう還暦を過ぎ、定年で退職していました。ただ、警察の官舎に住んでいたので、もしかすると、退職後も何かその関係の仕事をしていたのかもしれません。

家族は祖父母や叔父、叔母など七人くらいです。うちの親父は長男でした。従兄弟《いとこ》もいましたが、その家では暮らしていませんでしたね。

母が亡くなったのが昭和二十五年の六月。そして、会津へ移り、二年間ぐらい過ごしましたが、当時の記憶もあまりないんです。大雪の時に転んで、家へ入るまでが大変だったことくらいしか覚えてないですね。幼稚園にも行ってないから、友達がいなかったのかもしれません。食事はまだお米のご飯はなかなか食べられなくて、すいとんか雑炊が多かったです。

祖父は東京にも家を持っていたので、昭和二十七年にそちらへ引っ越しました。場所は上野の桜木町です。

そして、その翌年の春、小学校に入学しました。台東区立根岸《ねぎし》小学校ですから、私は先代の林家三平《はやしやさんぺい》（初代　一九二五〜一九八〇）師匠の後輩にあたります。三平師匠はよく高座で「下町の学習院《がくしゅういん》」なんて言ってました。東北から来たので、上京した直後は訛りがひどかったのですが、入学式の頃にはほぼ標準語を話していたらしいです。やはり子供は順応性が高いんでしょう。

どちらかというと、おとなしい子供でしたね。勉強はあまり好きではなくて、当時ですから、友達とする遊びはベーゴマとメンコ。あとは、夕方になると、紙芝居が回ってくるんですよ。毎日、それが楽しみでした。

「お連れさんの方がご器用だ」

私がこの世界に入ったのは昭和三十年の七月です。小学校三年生でした。

桜木町の家は部屋数が多かったので、間借り人を置いていたんですが、それがのちに私にとってかけ替えのない相棒になる鏡味仙之助《かがみせんのすけ》（一九四九〜二〇〇一）の一家でした。本名を山原澄《やまはらきよし》といって、誕生日が昭和二十四年八月十三日。私よりも三つ下です。

仙之助の父親は無声映画の活弁士だった生駒雷遊《いこまらいゆう》さんのマネージャーをしていましてね、その昔は徳川夢声《とくがわむせい》か生駒雷遊かといわれるくらい有名で、映画がトーキーになってからは舞台俳優としても活躍しました。

仙之助は子供の頃、体が弱くて、病院通いはしょっちゅうだったそうです。それを見た父親が、太神楽でも習わせれば体が丈夫になると思ったんでしょうね。以前から知り合いだった小仙親方のところに稽古に行かせたんです。たまたま同じ町内に住んでいて、私の家から歩いても五分くらいの距離でしたから。

私の師匠である鏡味小仙は江戸太神楽の十二代目家元で、本名は生駒弥太郎《いこまやたろう》。お父さんは上方の落語家で桂鯛蔵《かつらたいぞう》という人です。平成二十二年に二代目鯛蔵を襲名された方がいますけれど、その初代にあたります。先代の林家正蔵《はやしやしょうぞう》師匠（八代目　一八九五〜一九八二　晩年に彦六《ひころく》と改名）と友達で、若い頃には一緒に落語革新派なんて一派を作ったこともあったと聞きました。このお父さんが変わり者で、のちには満州《まんしゅう》まで行ってお坊さんになったそうですが、つまり放浪癖があったんですね。それで、十一代目家元の小仙親方は友達だったので、「せがれを連れ歩いてたんじゃ大変だろうから、俺に預けてくれないか」と交渉して、そんな形で弟子入りしたらしいです。

うちの師匠は、昭和二十二年に十一代目が亡くなったあとを受けて、昭和二十四年に小仙を襲名し、家元を継ぎました。ですから、「鏡味小仙」という名前では二代目ということになります。私が入門した当時は丸一小金《まるいちこきん》（一八九四〜一九六六）親方とコンビを組んで活躍していましたね。

ただ、私は寄席に入ったこともなかったし、小学校へ行く時、家の前を通ってはいましたけど、そこに太神楽師が住んでいることは全然知りませんでした。

実は師匠も三年前にそこへ越してきたばかりで、それ以前は芝《しば》に住んでいました。だから、何もかもが巡り合わせなんですね。

私が入門した動機も、別に太神楽師になりたいと思ったわけじゃなくて、七月のある日、仙之助が家にいないから、どこに行ったんだろうと思って捜したんですよ。そうして、師匠の家までたどり着き、太神楽の稽古をしているのを初めて見ました。

あとでわかったんですが、仙之助はその前の月、つまり満六歳の六月六日に師匠のところへ入門していました。昔から、その日から芸事を

丸一小仙（右）・小金（左）

始めると上達すると、よく言うでしょう。だから、私よりも一カ月先輩ということになります。

太神楽の稽古はまず撥《ばち》からで、一方の端に赤い布が巻いてある木の撥を両手に一本ずつ持って、それをクルリと一回転させます。赤い布は火を表していて、つまりは松明《たいまつ》ですからね、燃えてるところを持ったら火傷《やけど》しちゃうから、完全に一回りさせる。それが基本なんですが、仙之助の手つきがどうにもぎこちなくて、「なぜできないんだろう」と内心イライラしながら見てたんですよ。

そうしたら、師匠が私のところへ来て、「やってみるかい」と撥を貸してくれました。そして、私がやったらすぐにできた。まあ、三つも年上なんだから、あたり前ですけどね。

それが入門したきっかけです。ほら、「あくび指南」て落語があるじゃないですか。「お連れさんの方がご器用だ」って……まさにあの通りで、そのまま六十年以上、太神楽で飯を食ってきたわけですから、考えてみると、何とも不思議な話ですよ。

入門当時の太神楽の世界

私は師匠の三番弟子にあたりまして、仙之助の上にもう一人、兄弟子がいました。私よりも六つ上で、当時は中学三年生でした。仙寿郎《せんじゅろう》という芸名で、のちに鏡味小仙を襲名しましたが、今は丸一仙翁《せんおう》（一九四〇〜）を名乗っています。この人は師匠の甥にあたり、夫婦に子供がいなかったので、養子として修業をしていたわけなんです。

　私みたいに太神楽に縁もゆかりもない者が弟子入りするというのは、当時は異色で、先輩や仲間はほとんどが何らかの伝《つて》があって、入門していました。親や親戚が太神楽師だとか、そうでなくても、芸人をしているとか。例えば、相棒の鏡味勇二郎《ゆうじろう》（一九四四〜）さんと二人でボンボンブラザースとして活躍している鏡味繁二郎《しげじろう》（一九四三〜）さんは、堺《さかい》正章《まさあき》さんの従兄弟《いとこ》にあたります。正章さんの父親は喜劇役者の堺駿二《しゅんじ》さんですが、繁二郎さんの父親は駿二さんの実の兄で浪曲師、その上の兄さんは港家《みなとや》小柳丸《こりゅうまる》というこれまた浪曲師で、今でいう芸能一家だったんですね。

　それから、私の先輩の鏡味健二郎《けんじろう》（一九三五〜）さんの父親は、おばあさん落語で有名だった古今亭今輔《ここんていいますけ》（五代目　一八九八〜一九七六）師匠で、「噺家ではなかなか食えないから」と言って、息子を太神楽師にしたんだそうです。

　これとは逆に、我々の世界から転身して有名になった方もいますよ。歌手で俳優の尾藤《びとう》イサオさんは鏡味小鉄《こてつ》（一九〇四〜一九八七）親方の直弟子で、若い頃には鉄太郎《てつたろう》という芸名で活躍していました。彼の父親は三代目松柳亭鶴枝《しょうりゅうていかくし》といって、百面相の芸人さんでしたから、やはりその縁でしょう。

　小鉄親方の一門は同じ江戸太神楽でも赤丸一といって、私たちとは少し系統が違うんですが、平成十二年に尾藤さんの兄弟子にあたる鏡味小次郎《こじろう》（一九三八〜二〇〇〇）さんが亡くなって、流れがとぎれてしまいました。以前はうちの師匠が「家元」、小鉄親方は「宗家」と呼ばれて、いわば二大巨頭だったわけですから、そのうちの片方が絶えてしまったのはとても残念なことです。

私が入門した当時、太神楽師は東京だけで百人くらいいましたし、全国各地にもまだその土地の親方が残っていましたから、今とは隔世の感がありますね。

稽古の手始め

入門したのが七月で、最初は家から通っていたんですけど、小学校は二十日くらいから夏休みになるでしょう。そうすると、師匠の家は広かったし、お祖父さんのところよりも居心地がいいもんだから、私も仙之助もそこで寝泊まりするようになりました。

そのうち、二学期が始まりましたが、「うちから学校へ通えばいい」と言われたので、私から祖父母に頼んで、そうさせてもらったんです。家が近かったので、特に反対はされませんでした。だから、内弟子になったのも、まあ、成り行きですよね。

当時の暮らしはというと、朝は六時前に起きて、顔も洗わないで、すぐに稽古ですよ。一時間半くらいやって、終わると、家の掃除、それから朝飯を食べて、八時過ぎに学校へ行くわけです。

掃除も、夏はどうってことないんですが、冬はつらかったですね。玄関の格子戸《こうしど》を濡らした雑巾で拭いて、そのあとで、三和土《たたき》も同じように拭く。バケツの水は冷たいし、ひびやあかぎれが痛くて、稽古よりも掃除の方がつらかったかもしれません。

太神楽はいわば総合芸術で、舞、曲芸、茶番など、それぞれにたくさん演目がありますし、鳴物と呼ばれる笛、太鼓、三味線も重要ですが、この中で曲芸が一番習得するのに時間がかかるので、まず最初にそれを教わります。

稽古する場所は基本的に外でした。雨が降れば家の中でしますけど、投げものなんかは外の方がいいんですよ。思いきり高く上げられますからね。師匠の家の裏がお寺の墓地で、そこに広い空き地があったんです。ただ、墓地なので夏は蚊に刺されるし、冬は下が土で

兄弟弟子三人が並んでの稽古

すから、霜柱が立って、寒い寒い。まあ、そういった苦労はありました。

曲芸の稽古の手始めは撥です。一本から二本、そして三本と本数が増えていき、そして、我々の符牒で「手事《てごと》」といいますが、技のバリエーションを一つずつ習う。四十八手というくらい、いろんな取り方があるんですよ。だから、撥の曲だけで完全にマスターするには五年くらいはかかりますね。

それと同時進行で、傘の曲とか、「五階茶碗」のような「立てもの」も覚えてなくてはならないし、あとはお囃子《はやし》の稽古。もちろん朝だけでなく、学校から帰ってきたあともやりましたから、一日に少なくとも五、六時間は稽古してましたね。

よく器用とか不器用とかいいますけど、太神楽の修業についてはどっちでも関係ないですね。私の方が年が上なので、仙之助よりは呑み込みがよかったと思いますけど、それでも大した違いはありません。

私は稽古するのがあたり前だと思ってたから、惰性で続けていましたけど、最初はむしろその方がいいんです。例えば踊りだったら、曲が変わったり、

「お染久松通いの毬」

手が変わったりすれば一段階進んだという気になれますけど、太神楽の場合、自分の進歩が目に見えてわかるなんてことは、そうはない。

撥だったら、二本でも手こずっていたのが、三本扱えるようになって、「よし。俺も三本取れるようになったぞ」と、せいぜいその程度ですよ。だから、芸が身についてこないと、楽しさなんてわかりっこない。だから、太神楽に限らず、物事は何でも、とにかく続けることが大事だと思いますね。

師匠夫妻

私が弟子入りした時、小仙親方は三十七歳でしたが、頭の毛が薄い上に若白髪で、還暦を過ぎたおじいさんに見えました。子供だったから、特にそう思ったんでしょうねえ。六十三歳で亡くなりましたけど、晩年はカツラを被っていましたから、その時期の方がむしろ若く感じました。

私たちは「お師匠《しょ》さん」と呼んでいましたけど、師匠の人柄はごく穏健でしてね、落語の「長短《ちょうたん》」でいえば、気の長い「長さん」の方です。稽古も特に厳しくはありませんでした。「芸は見て覚えるものだ」が口癖で、あとは、「人の芸を盗め、盗め」とよく言っていました。だから、マンツーマンでの稽古というのはほとんどなかったし、見ていても別に

「ああやれ、こうやれ」と言うわけでもない。そもそも、外でやってましたからね、たまに覗きに来る程度だったんです。

だから、修業を始めて一年くらいでしたか、少し手抜きを覚える頃に大失敗をしたことがありますよ。私と仙之助がもうすっかり飽きて、二人で野球をやって遊んでたことがあるんです。偶然、そこを見られちゃった。

そうしたら、家へ入るなり、でこぼこした長い杖があるんですが、それで頭をガチーンとやられました。「バカヤローッ！　何やってんだ」って。それ一回きりでしたけどね。でも、弟子の芸を見ていないようで、ちゃんと見ているところもあって、そこが逆に怖かったです。

おかみさんは名前を生駒久江《ひさえ》といって、師匠よりも四つ下。私が入った時には三十三歳で、こちらは「お母さん」と呼んでましたけど、三味線がうまかったので、寿《ことぶき》という芸名で高座にも出ていました。上方出身の師匠とは違って東京生まれだから、江戸っ子気質《かたぎ》で、さっぱりしてるんですよ。よく叱られましたけど、言いたいことだけ言ってしまえば、から

親代わりだった小仙夫妻

っとしていて、あとを引かない。こちらは長命で、平成二十五年に九十歳で亡くなりました。

私が内弟子になって二年くらいしてから、おかみさんが居酒屋を始めたんです。自宅の玄関に暖簾《のれん》をかけて。たぶん、三人も弟子がいて、生活が大変だったんじゃないですかね。

当時、師匠はほぼ寄席のみで活動していましたから、正月とか、何かの時期になればもちろん忙しいですけど、平均的にはそれほど仕事が多くなかったような気がします。だから、おかみさんが店をやって、冬はおでん、夏はかき氷を売ってました。場所が上野ですから、近くに寛永寺《かんえいじ》があって、大きな寺なので、夏場は二十、三十と氷の注文がある。それを仙之助と二人で岡持《おかもち》に入れて出前するんですけど、一度では運びきれないから、一生懸命走っても、そのうちに溶けちゃって、お坊さんに文句を言われたことがありますよ。

師匠とナイフの組取り

師匠の家から歩いて二十分くらいの場所に入谷金美館《いりやきんびかん》という映画館があって、月に一度、おかみさんが私たち二人を連れていってくれました。そして、三本立ての映画が終わると、どこかで食事をさせてくれて、その頃は、それが何よりの楽しみでしたね。

初高座

初めて高座に上がったのは、入門してから一年半ほど経った昭和三十二年二月です。師匠から「盛之助《もりのすけ》」という名前をもらって、三十五年に今の名前に改名するまで、それを名乗っていました。

初高座の場所は池袋《いけぶくろ》演芸場。今の前の前の建物で、まだ木造でした。楽屋に入っていくと、前座さんが「ご苦労様です」ってお茶をいれてくれまして、子供だから遠慮なしにいただいたんですけど、それが平成二十一年に亡くなった先代の三遊亭圓楽《さんゆうていえんらく》(五代目　一九三三～二〇〇九）師匠でした。当時の名前は全生《ぜんしょう》ですね。

昭和四十一年に小金親方が亡くなるまで、ずっと小仙、小金のコンビで出てましたから、私はそこに交ぜてもらう形で高座に上がりました。太神楽は実際に演ずる太夫《たゆう》と、いろいろな道具を手渡したり、口上を述べたりする後見《こうけん》とに役割が分かれますが、この三人では小仙親方と私が太夫で、小金親方が後見でした。

初高座の時は、とにかくお客様の顔も見られないくらい緊張しましたね。無我夢中で、五階茶碗をやったことしか覚えていません。当時の池袋はお客様が少なくて、土日以外はせいぜい七、八人。初高座の十日間は何とか無事に務まりましたが、そのあとはずいぶん失敗しましたよ。

　何しろ太神楽というのはやりそこなえばお客様にすぐにわかる芸で、やり直しがききませんからねえ。撥を取り落とすくらいはしょっちゅうで、五階茶碗を落としたことだって、何度もあります。稽古とまったく同じ状況ならばできるんだろうけど、舞台が暗かったり、戸外で風が吹いていたりとか、それぞれ条件が違うでしょう。でも、お客様に対して、まさか苦情を言うわけにはいきませんから。

　まあ、ある程度年期を重ねると、その場に合わせて臨機応変にやれるようになるし、万一の場合にもミスをカバーして、途中で止めたりするテクニックを覚えるんですけどね。

五階茶碗は若手が演じる芸

アトラクションと年中行事

入門から二年くらい経って、多少芸が上達すると、寄席だけではなく、いろいろなところで仕事をするようになりました。キャバレーなんかにも子供の頃から出演していましたよ。今では考えられませんけどね。

当時、週に三、四回はキャバレーの仕事が入って、土日は米軍キャンプでのアトラクション。太神楽は日本独自のものだし、見る芸なので、外国人相手には都合がいいんです。そして、昼間はヘルスセンターですから、学校へは月に半分くらいしか通えませんでした。さすがに欠席するのはまずいので、午前中で早引けするんです。

当時はまだ米軍のキャンプがたくさんあって、一番よく行ったのが、今は自衛隊の入間《いるま》基地になっているジョンソン基地と、あとは横須賀《よこすか》基地。そういうところで仕事をして何よりもよかったのは、今でいうバイキングがあって、出演者はそれが食べられるんですよ。

当時、戦後の食料難は終わってましたけど、東京に出てきてからでも、納豆とたくあんとご飯が定番で、たまにコロッケや魚の焼いたのが出るくらい。小学校の給食に出てくるコッペパンと脱脂粉乳のミルクを毎日楽しみにしてたんですから、見たこともないご馳走が並び、肉なんかもふんだんにあった米軍キャンプのバイキングは驚きでした。初めてコーラの味を知ったのもその時です。

あちらの人は子供の頃からショーマナーを教わるので、出来がよくても悪くてもちゃんと拍手をしてくれる。だから、やっていて楽しかったです。

太神楽は、おめでたい席にはつきものの神事芸能ですから、年中行事もたくさんありました。まずは正月の町内回り。「門《かど》付《づ》け」といって家々を一軒ずつ回るわけですけど、元旦と二日が向島《むこうじま》です。あそこは料亭も多いですからね。三日からが日本橋で、十七日まで続きます。当時は今ほどビルが建ち並んでなくて、普通の家が多かったので、一日に二、三十軒ずつ、全部で五百軒くらいは回ったと思います。

どこでもまず最初に獅子舞でお祓いをして、あとは頂戴するご祝儀の額によって、曲芸や茶番をつけたりします。日本橋は山本山《やまもとやま》さんとか榮太樓《えいたろう》さんとか大きな老舗がありますから、そういうところでは一時間くらいやったりすることもありました。

一月は新年会、二月は節分、三月から六月は結婚式の余興によく呼ばれました。八月から九月にかけては都内でお祭りシーズンなので、これも忙しかったですね。

太神楽のレパートリーの中に江戸祭り囃子がありまして、テープレコーダーのなかった時代にはあちこちから頼まれました。たくさん人が集まるような場所でお囃子を流すと、場の雰囲気が華やぐでしょう。今でいえばＢＧＭみたいなものです。また、各町内に舞台が設営されて、夜になると、そこで演芸が始まるので、そちらも受け持ちます。九月に入ると、敬老会が多くなるから、昼夜かけ持ちの日も結構ありました。

　こういった仕事をこなしながら、一方では稽古を続け、学校にも通っていたわけですから、とにかく忙しくて、あっという間に一年が過ぎていく感じでしたね。

王様の前での公演

　私にとって初の海外公演は昭和四十年、行った先はタイのバンコクでした。タイ国際航空の設立五周年記念のイベントで、日本、台湾、香港、フィリピン、マレーシア、インドネシアから芸能団体が招かれ、私たちは日本代表でした。

　小仙、小金、仙寿郎、仙三郎、寿の五人という一行で出かけたんですが、まだ五月の初めなのに気温三十二度で、本当に暑かったです。タイ国王の前での公演で、仕事自体は一日ですが、その前にリハーサルが二日ありましてね、お辞儀の仕方から始まって、細かいチェックがたくさん入りました。獅子舞をする時にも、あまり足を上げてはいけないと言われて、びっくりしちゃいましたよ。向こうでは足の裏は不浄なものと考えられていて、それをもし王様に向ければ、とんでもなく失礼にあたるんだそうです。

　そんなこんなでずいぶん気は遣いましたが、公演自体は無事に終わりまして、そのあと二日間、市内観光をさせてもらい、とても楽しい思い出になりました。

黄金コンビの誕生

振り返ってみると、私が今、太神楽師でいられるのは仙之助との出会いがあったからこそだとしみじみ思います。二人同時に師匠の内弟子になって、苦楽を共にし、励まし合いながら修業することができたので、何とか続いたんですよ。私の母が急な病《やまい》で亡くなったりしなければ、出会わなかったかもしれませんから、人の縁というのは本当に不思議なものですね。

彼は最初、本名と音が同じ「清《きよし》」という名前で高座に上がり、昭和四十年に「仙之助」と改名しました。

最初、寄席の看板は「丸一小仙・小金」で、弟子がそれに加わるという形でしたが、昭和四十一年に小金親方が亡くなってからは「丸一小仙社中」に変わりました。

仙之助とコンビを結成したのは昭和

実の兄弟同様だった仙之助と

四十八年。私は十七年、仙之助は十八年内弟子をやって独立しましたから、そのあとです。

太神楽の社中というのは三人が基本で、小仙社中の場合、三、四人で回ることが多かったんですが、今度は二人だけで高座に上がる。それまでは自分たちの名前が出ることなんてなかったですから、寄席の表に「仙三郎・仙之助」と看板が出た時にはうれしかったですねえ。「これで名前を覚えてもらえる」と思いました。

ただ、それまで、寄席以外の仕事の時には仙之助も私も一人で行ってたでしょう。そこへ、今度は二人で行くわけじゃないですか。すると、依頼主から「ギャラが一人分しかないんだ」と言われちゃう。二人分もらえるようになるまで、三年くらいかかりました。でも、何とかそれで押し通さないと、コンビとしては売れませんから。おかげさまで、その後はどうにか仕事も順調に来るようになりました。

木曜スペシャル

前にもお話しした通り、太神楽は太夫と後見にはっきり分かれるのが本来の形です。もう亡くなりましたけど、海老一染之助・染太郎のコンビでも、芸をやるのはもっぱら弟の染之助さんでしたよね。

うちの師匠の場合もそうで、小金親方はもともと茶番師といって、歌舞伎のパロディなんかを演じる茶番の一座を組んで、それで売ってた方ですから、後見専門です。

だけど、私と仙之助は曲芸の技量が似通っていたので、その時々に応じて、太夫にも後見にもなれる。コンビを組んだのは海老一さんがすごく売れてる時期でしたから、何か独自性を出さなくちゃいけないと思って、二人で相談して、自分たちは「一つ毬」という演目を売り物にすることにしました。

糸を巻いて作った大きくて重い毬なんですけど、これを扱うのは太神楽の芸の中でも一番難しいんです。例えば、口にくわえた撥の上に土瓶を載せるより、毬を載せる方が何倍も難しい。毬で稽古してから土瓶で稽古すると、すごく楽に感じます。まあ、土瓶は落ちれば割れますから、見ているお客様ははらはらされるらしく、反応はいいですけどね。

毬の曲芸を一通りやると十分くらいかかるんですが、みんなあまりやりたがらなかった。だからこそ、これは売り物になるなと思ったんです。

一つ毬の技に「衣紋流し《えもんなが》」というのがあります。「衣紋」は着物の後ろ襟の部分ですから、右手の甲に載せた毬を右腕、襟の後ろ、左腕、左手の甲へと転がすわけです。これは昔からありましたが、私たちはいろいろと工夫して新たな技を作り出しました。

その一つが「山越し」。これは、首の後ろじゃなくて、右腕から右頰、頭の天辺《てっぺん》、左頰、左腕へと移動させていくんです。二人が横に並んでやることもよくありました。

あとは、これは仙之助しかできなかったんですが、頭の周りをくるりと一回転させる技があって、「木曜スペシャル」なんて呼んでましたよ。

実はこの技、曜日によって呼び名が違っていましてね、当時「なんとかスペシャル」ってテレビの番組がやたらとありましたから、高座で「今日は水曜日だから特別にやってみたいと思います」と前置きして、「水曜スペシャルです！」なんて二人揃って言ったら、意外とお客様にウケたんです。中でも「木曜スペシャル」が一番反応がよかったのは、川口浩《かわぐちひろし》さんの探検隊シリーズの人気のおかげでしょうね。

さらに、新たな工夫として、二人で撥を口にくわえたまま背中合わせになって、撥の上に載せた毬を後ろへポンと放り、片方が受ける。土瓶でも同じことをやりましたけど、これはよほど呼吸が合わなければ無理だし、二人の技量が同じでないとできないので、ほかの人はやらないですね。

二人並んでの「山越し」

盛《もり》さんと澄《きよし》さん

二人で仕事をしている時、周りから「ずいぶん仲がいいんだねえ」とよく言われました。漫才さんなんかの場合、結構仲の悪いコンビもいるし、そこまでいかなくても、公私をはっきり分けている例が多いみたいですね。

だけど、うちのコンビは趣味も同じでした。私の趣味はゴルフとオートレースですけど、たまたま仙之助も好きでね、遊びに出かけると、向こうもそこにいるんですよ。あと、好みの店も似ていたらしくて、仕事が終わって飲みに行くと、居酒屋なんかで会うことも多かったです。

仲がよかったというより、本当の兄弟のように育っていますからねえ、私も言いたいことを言うし、向こうも遠慮はしない。喧嘩になった時ももちろんありますが、翌日には二人ともからっとしていました。

呼び方も「盛さん」「澄さん」とお互いに本名でした。小仙親方も最初は私たちを「盛夫」とか「澄」と本名で呼んでいたんですけど、ある時、寄席の楽屋に先代の柳家《やなぎや》小《こ》さん（五代目　一九一五～二〇〇二）師匠と、やはり先代の金原亭馬生《きんげんていばしょう》（十代目　一九二八～一九八二）師匠がいらっしゃいましてね、親方が私たちに声をかけたら、お二人が「はい」

と返事をしちゃったんです。本名が小林《こばやし》盛夫と美濃部《みのべ》清ですから。それで、「頼むから芸名で呼んでくれ」と小仙親方に苦情が来て……そんなこともありましたよ。

他芸を習う

太神楽以外で稽古したのはまず日舞で、これは弟子に入ってすぐです。「着物でやる芸なんだから、踊りの素養は絶対に必要だ」というのが、うちの師匠の考えでしたから。仙之助と一緒に若柳和秀《わかやぎわしゅう》さんに入門して、六年ほど通いました。その時には、三平師匠の長女の海老名美《えびなみ》どりさんも習いに来ていましたね。

歩くにしても手を動かすにしても、やはり踊りをやっていないと形がよくありません。私は特に踊りが好きというわけでもないので、もうすっかり忘れちゃいましたが、それでも自然と身についたことは多かったですね。

そのほかには、十七の時から三年間、二人でタップダンスを習いました。なぜそんなものをと思われるでしょうが、キャバレーを回っている当時、キッチントリオって先輩がいましてね。宝家竹二郎《たからやたけじろう》（一九二六〜一九八七）、利二郎《としじろう》（一九三三〜）、直二郎《なおじろう》（一九四一〜）の三人で、コックの扮装をして台所用品を使った曲芸なんかをやってました。彼らと一緒に通ったんです。

キャバレーだとバンドが入りますから、「マック・ザ・ナイフ」というジャズの曲に合わせてタップを踊りながらナイフを放るわけですが、これは結構ウケましたね。

スリー・ステッパーズというグループでリーダーをされていた方に指導していただきましたが、この先生が厳しくて、「仕事でやる以上、半端なことはできない」と言われ、最初の半年間は基本ステップしか教えてもらえませんでした。二、三時間ぶっ通しで稽古するんですけど、足が痛くなって、トイレに行ってもしゃがめないくらい。おかげで、どうにかできるようになりました。今でも多少はやれますよ。同じ先生のところに、コメディアンの東京《とうきょう》ぼん太《た》さんなんかも稽古に来ていました。

仙三郎・仙之助奮戦記

仙之助とはコンビでいろいろなところへ行きました。外国ではアメリカとイタリアですね。昭和五十九年にアメリカのシアトルで公演した時には現地の通訳がつきましたが、口上を翻訳してくれている間、黙っていたんでは間合いが取れない。だから、「そっちで適当に訳してください」とお願いして、普通に日本語で喋っていました。そうじゃないと、芸がやりづらいわけですよ。

平成五年にフィレンツェへ行ったのはある噺家さんの紹介で、その方の奥様の知り合いが現地で和食レストランをやっていて、その何周年かのイベントです。紙切りをやっている今の林《はやし》家《や》正楽《しょうらく》（三代目　一九四八〜）さんも一緒でした。主催者が日本料理屋の社長さんだから、せっかくイタリアに行ったのに日本食ばかり食べていましたね。

ああ、そうそう。その時、初日の仕事の会場が教会だったんですけど、そこの神父さんが「せっかく来てくれたんだから」と言って、スパゲティを作ってくださったんですよ。それはうまかったですね。チーズも自分のところで作っているそうで、全然味が違いました。

でも、外国での仕事は、言葉は通じなくてもちゃんと見てもらえますし、反応もすごくよかったです。話芸とは違い、曲芸は万国共通ですからね。そういう意味ではありがたいと思っています。

国内の仕事は本当にいろいろあって、語り尽くせませんが、変わったところでは夏場にハワイアンバンドと一緒に仕事をしていました。バッキー白片《しらかた》とアロハ・ハワイアンズというグループで、「南国の夜」なんてヒット曲もあって、当時は相当

アメリカ、シアトルでの傘の曲「阿弥陀様は後光試し」

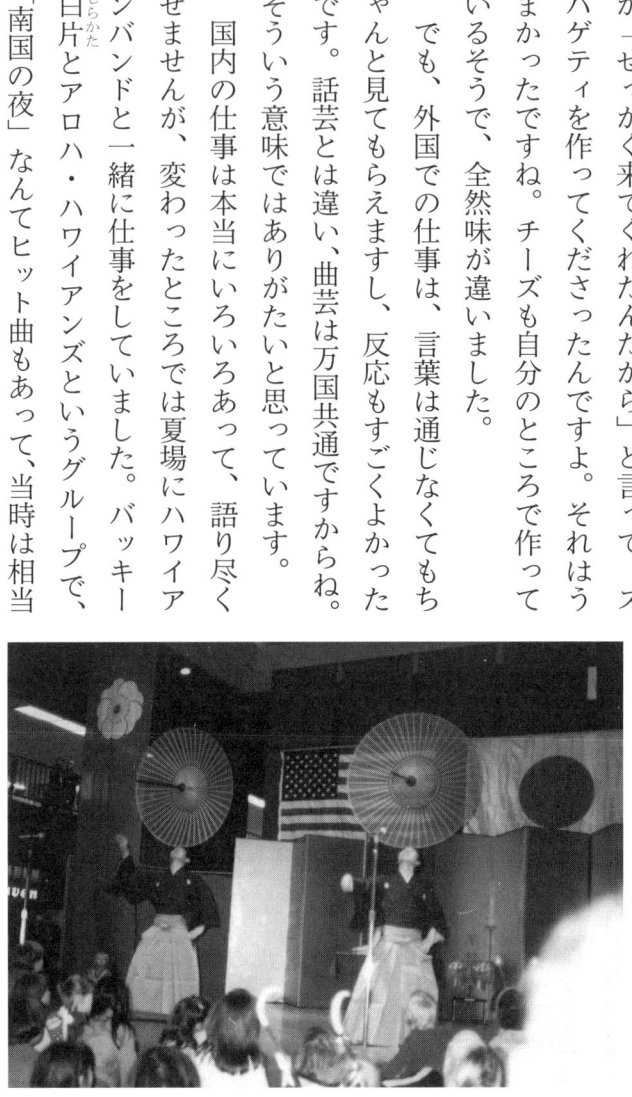

人気がありました。

そこに太神楽師が二人出ていって何をするかというと、これがファイアーダンス、つまり火の踊りなんです。長さが一メートル二十センチある棒の両端に十センチ幅で布が巻いてあって、そこに油を染み込ませて火をつける。その棒を両手を使って回転させたり、投げ上げたりと、いろいろなバリエーションを見せるんですが、そんなショーにのんびりしたハワイアンの曲は合いませんから、伴奏は打楽器だけです。タン、タン、タタタ、タン、タタ、タタタというリズムですが、そのうちにだんだんテンポが速まってくる。

もちろん黒紋付に袴《はかま》なんて格好でそんな芸はできませんから、二人とも上半身裸で、下は海《かい》パンに腰蓑《こしみの》です。いやあ、若かったですねえ。そして、最後にリズムが一番速くなったところで、二人で松明の曲取りをして終わるわけですが、この仕事はかなりハードでした。松明の場合、炎のせいで、普通の撥とは回転が変わりますから、神経を遣うんです。だから、たった五分くらいのステージですが、終わるとぐったりしちゃいましたね。風向きの都合なんかで、ずいぶん火傷もしました。

バンドの皆さんは白の長ズボンのお揃いでしたが、浸した油が飛び散って、ズボンがシミだらけになっちゃうんです。あれは申し訳なかったですね。

普段寄席でご披露しているのはお行儀のいい芸ばかりですが、以前は注文次第で二人ともいろいろなことをやらされたもんですよ。

茶番の復活と「平凡パンツ」

最初にお話しした歴史の続きになりますが、明治以降、江戸太神楽は大きな転機を二度迎えます。まず維新後、幕府という後ろ盾を失い、神職としての資格も奪われたあとは、大衆からそっぽを向かれないよう、娯楽的な演目を増やすなど、自分たちの芸を変えていかざるを得なくなりました。時代の波というやつですね。

さらに、太平洋戦争後、米軍キャンプでの仕事がどっと増えた影響で、それに対応するための芸に衣替えする必要があった。これが二度目の転機です。何しろ外国人が相手ですから、どんなにいい口上を述べても通じないし、茶番なんかやってもわかってもらえません。そういう場所ではできるだけ派手な曲芸を無言で演じるのが一番いいので、その時代に修業した太神楽師はとても偏った育ち方をしてしまったわけなんです。

実は私もその一人で、師匠から獅子舞の稽古をするように言われた時、「何でそんなことをしなけりゃいけないんだろう」と本気で思いましたよ。曲芸だけで十分に食べていけましたから。

小仙親方が太神楽曲芸協会の会長に就任したのが昭和二十九年で、四十九年まで務めますが、その間にまったく演じる機会がなくなっていた茶番の復活に力を尽くし、昭和四十六年には一番の大物と言われる「源三位頼政《げんざんみよりまさ》」を自ら演じています。そういった努力が実を結んで、昭和五十三年十月には協会が主催して浅草の木馬亭《もくばてい》で開催した公演「太神楽　その芸の魅力」が芸術祭大衆芸能部門の優秀賞を受賞しました。その時の集合写真がありますので、どのようなメンバーがいたのかを記録に残すために、載せておきます（七二頁）。

　今回この本をまとめるにあたって、「大衆芸能資料集成」という本を初めて見たんですが、そこにこの時の公演で私が演じた「お能万歳」という茶番を文字に起こしたものが載っているのを知って、びっくりしました。二人で能のまねをするという設定なんですけど、中にこんなやり取りがあります。

「この袴は後援会に買ってもらったんだ」

「この帯は？」

「帯もそう」

「じゃあ、今はいてるパンツは？」

「パンツくらい自分で買いますよ」

「そんなことないでしょ。私は知ってるんだ。平凡に買ってもらったんでしょう」

「平凡？」

「平凡パンツ」

「そりゃ、平凡パンチだろう！」

若い方はご存じないでしょうが、その頃、若者向けにそういう名前の雑誌があったんですよ。そんなダジャレを言うのは仲間内で私くらいですから、誰の高座の速記か、すぐにわかっちゃいました。今、漫才さんたちが寄席でやっているのとほとんど同じことを、以前は太神楽師がやっていたんです。

最近はうちの協会の若手連中が意欲的に茶番に取り組んでいますよ。自分たちの会だとか、あるいは、町内回りなどをする際、余裕があれば、稽古がてら短時間で済む演目を選んでやっていますね。我々の先輩たちの苦労が実を結びつつあるわけで、とてもいい傾向だと思っています。

四人の会

いろいろな会に出演しましたが、今振り返ってみても懐かしいのは、昭和六十年頃にやっていた「四人の会」ですね。メンバーは紙切りの林家一楽《いちらく》、マジックの花島世津子《はなじませつこ》、そして、我々二人です。一楽さんはその後、小正楽《こしょうらく》になって、平成十二年に三代目林家正楽を襲名しました。寄席を会場にして色物の芸人だけで会を開くというのは、私たちが初めてでしたから、特に印象に残っています。

若手の勉強会なので、各自が四十分の持ち時間で、それぞれに趣向を凝らしました。普段やらないことをやりますから、その度にネタが増えましたよ。

第一回の会場が池袋演芸場で、私たちは「フレッシュな曲芸をやります」と言って、野菜や果物、卵を使った曲取りをやりましたけど、それでもう最初からウケちゃうんですね。

そして、最後のネタが皿の曲取りでした。何人かで向かい合って投げ合う場合には「組取り」ともいいます。普段寄席でよくやる花笠とは違って、落としたら割れますから、お客様へのインパクトが大きいだろうと思ったんです。その皿が六枚まとめて、ついさっき瀬戸物屋さんから買ってきたという風情で紙に包んである。十文字に掛けた紐の結び目が解けないから、仙之助が切ろうとするんだけど、どうしても切れないので、私が楽屋へ声をかけて一楽さんを呼ぶんです。そして、「紐が解けないんだ」と言うと、一楽さんが「はい」と言ってハサミでチョッキン。その時は本当に、客席がバカウケでしたね。

第二回は上野鈴本《うえのすずもと》演芸場で、永六輔《えいろくすけ》さんをゲストにお呼びしたんですが、永さんがお客様へのサービスとして木戸でモギリをやってくれましたよ。寄席の入口でチケットの半券を千切る係です。

サークルラインという丸い蛍光灯がありますけど、あれの曲取りをやりました。これは皿よりもさらに取りづらいから、真剣勝負です。それが終わったあと、永さんのアイディアで、高座の後方に設置したパネルに六個差し込んでスイッチを入れると、明かりがともるようにしました。そうすれば、本物を使っていることがわかるでしょう。本番は大成功でよかったんですけど、配線なんかを含めて、費用が十万円くらいかかっちゃいました。

第三回も場所は上野の寄席で、ゲストは平成十九年に木久扇《きくおう》になられた林家木久蔵《きくぞう》（初代　一九三七〜）師匠でしたが、「出番が終わっても、そのまま立たないでください」とあらかじめお願いしておいたんです。

それで、一席話し終えた直後に場内を真っ暗にすると、高座の両脇から私たちが火のついた松明を三本ずつ持って登場して、木久蔵師匠の頭の上で交差するように組取りをやったんですが、師匠はキャーキャー悲鳴を上げて、大変な驚きようでした。事前に教えなかったからあたり前ですよ。客席ももちろん大爆笑でした。蛍光灯よりも、もっと強烈なインパクトとなると、松明しかないなと思ってやったんですけど、今は高座で裸火が使えないので、もうあんなことはできません。

結局三回までしか開けませんでしたが、とても勉強になったし、こういう楽しい会のことはいつまでも忘れませんね。

別れ

小仙親方が亡くなったのが昭和五十六年十二月五日です。五十代半ばで心臓を患いましてね、手術はしましたが、なかなか快復しなくて、入退院をくり返していたんです。

何しろ九歳の時から十七年間も内弟子修業をして、実の子供のように育ててもらいましたから、その時には大変なショックで、本当の親を亡くしたような気持ちでした。

師匠は「芸は人なり」とよく言っていました。そして、「いいかげんな芸ではお客様に感動してもらえない」と叱られました。

特に印象に残っているのは「太神楽は努力が報われる芸だ。一生懸命稽古していれば、必ずいつか報われる」という師匠の言葉です。振り返ってみて、まさにその通りだと思いますね。比べては申し訳ないですが、噺家さんは話術が上達したから、必ず売れるというわけにはいかないでしょう。漫才や講談も同じですけど、喋る芸というのは微妙ですからねえ。

でも、太神楽師の場合は努力して難しい技を身につければ、その成果は周囲から認めてもらえるし、それなりの仕事がちゃんと来ます。つまり、苦労のしがいがあるわけで、この差は大きいと思いますね。

うちの師匠は六十三歳で亡くなり、これだって、とても長生きとは呼べませんが、相棒の仙之助は五十二歳の若さで逝ってしまいましたから、その時のショックはさらに大きかったです。平成十三年九月十二日が命日なんですよ。

しばらく前から喉の調子が悪くて、食べ物がうまく呑み込めないと聞いたから、「検診に行って、ちゃんと見てもらわないとだめだよ」と言ったんですが、行かなかった。三月中席の夜の部、まず六時半に池袋の出番があって、そこのトイレでかなりの量の血を吐いたらしいんです。でも、私には何も言わなかったので、そのまま新宿末廣亭《しんじゅくすえひろてい》に回って、高座を務めました。終わってから吐血のことを聞き、びっくりして、タクシーで家まで送ったんです。

翌日の朝、救急車で病院へ運ばれて、検査した結果、食道癌だとわかりました。でも、もう手遅れの状態で、食道から胃へ転移していて、四月に手術はしたんですが、もう背中の方まで回っちゃってたから、途中で中止になりました。

その時、余命三カ月って、おかみさんが先生から言われたそうです。当時ですから、本人には教えませんでしたけどね。それで、五月初めに退院して、その後は自宅療養ということになりました。

手術前、胃は全摘と言われてたんだけど、そんな事情でそのまま残った。だから、それ以降、五、六回は仕事をしてるんですよ。もし胃を取っ

無二の相棒

ちゃってたら、力が入らなかったでしょうね。

亡くなる前の日に、仙之助と親友だった三遊亭小金馬《こきんば》（一九四九〜二〇一八）師匠の会があったので、「そこには絶対に行く」と前々から言ってました。

四月の段階で余命三カ月のはずでしたが、そこまで気力でもたせてたんでしょうね。「体調が悪いんだから、高座に顔を出すだけでいいよ」と言ったんですが、本人がどうしてもと言うので、花笠の曲取りを二人でやりました。

そして、仕事を終えて家に戻り、ドアを開けた瞬間に倒れて、病院へ運ばれ、翌日の明け方の五時に亡くなって……人間というのは精神力で何でもできるんだなと、しみじみ思いましたね。その年の九月十一日というと、ニューヨークで例のテロ事件があった日ですから、朝のニュースで旅客機がビルへ突っ込む映像をくり返し流していましたよ。

仙三郎・仙之助のコンビで二十八年間。仙之助がいたからこそ頑張れたんです。相棒には本当に感謝しています。改めて、心から「ありがとう」と言いたいですね。

東京都内の常設寄席

太神楽曲芸協会員の出演情報については、各寄席、または落語協会、落語芸術協会のホームページでご確認ください。

新宿 末廣亭
新宿区新宿 3-6-12
電話 03-3351-2974

浅草演芸ホール
台東区浅草 1-43-12
電話 03-3841-6545

池袋演芸場
豊島区西池袋 1-23-1 エルクルーセビル
電話 03-3971-4545

上野 鈴本演芸場
台東区上野 2-7-12
電話 03-3834-5906

国立演芸場
千代田区隼町 4-1
電話 03-3230-3000

翁家喜楽
鏡味仙三郎
鏡味仙之助
宝家利二郎
柳家とし松
翁家和楽（三代目）
柳貴家菊蔵
鏡味小仙（二代目）
翁家勝之助
柳家小志ん
柳貴家勝蔵
柳貴家正楽（二代目）
鏡味小次郎
富士幸三郎
鏡味健二郎
翁家小さん
鏡味次郎
阿部仙八

仙三郎・仙之助から
仙三郎社中へ

第四章 仙三郎一代記 社中結成以降

仙三郎社中結成

仙之助が亡くなって、あたり前ですけど、そりゃあ、落ち込みましたよ。苦労に苦労を重ねて作り上げてきた二人の芸がもうできないわけですから、これ以上続ける価値がないとまで思いました。その時に、親身になって相談に乗ってくれたのが紙切りの正楽さんで、彼がいなければ、その時点で太神楽師を辞めていたかもしれません。いやあ、本当にありがたかったですね。

相棒がいなくなったあとも、所属している落語協会にはまだ二人の名札がありましたから、「仙三郎・仙之助」の名前で半年くらい、今の仙志郎《せんしろう》（一九七五〜）と出てました。当時は仙一《せんいち》といって、私の長男で、一番弟子でもあります。

年が明けたら、うちに仙三《せんざ》（一九七五〜）って弟子が入りましてね、じゃあ、社中を組もうということになって、平成十四年四月に鏡味仙三郎社中を名乗りました。ただ、長い間、コンビでやっていましたし、私と弟子とでは技量が違いますから、前と同じやり方は通用しません。そこで、三人がそれぞれ一人ずつ芸をやって、最後に三人で花笠の組取りをして終わるという形にしました。

平成二十五年に仙三が妹弟子の仙花《せんか》と山梨県で所帯をもって独立することになったので、代わりに弟弟子の仙成《せんなり》（一九九六〜）が加わりました。だから、うちは三人で高座に上がるのが本来の姿で、二人の時には弟子のどちらかに何か別の仕事が入ってるんです。

左から仙三郎、仙三、仙志郎

たまたま二人とも出払ってしまい、私一人で高座に上がったことも何度かありましたが、寄席の方から「木戸口に三人の写真が飾ってあるわけだし、一人ではおかしい」と苦情が出たので、そういう時には休演にしてもらうようにしました。弟子がいなくても、ちゃんと三人分の芸を頑張って披露しているつもりだったんですけどね。

これとは逆に、私がいなくて、弟子が二人だけで寄席に出るということはありません。やはり「仙三郎社中」ですからねえ、そういう点はきちんとしなくてはいけないと思うんです。

「夜桜お染《そめ》」出演

平成十五年十月から翌年一月にかけて、フジテレビ系列で連続時代劇「夜桜お染」が放映され、全十話のうち八話に出演しました。

演芸番組はもちろん別として、それ以前にも前にお話しした大河ドラマとか、やはりＮＨＫで杉良太郎《すぎりょうたろう》さんが主演された「文吾《ぶんご》捕物絵図」とかに出ていたんですが、レギュラーは初めてでしたし、しかも社中の三人全員が役をもらいましたから、強く印象に残っています。

主役の夜桜お染を演じたのは若村麻由美《わかむらまゆみ》さん。今は踊りと三味線の師匠をしているが、以前は菊川《きくかわ》一座の看板役者という設定で、そこの座頭《ざがしら》が平淑恵《たいらよしえ》さんでした。

お染は六歳の時に火事で両親を失っていましたが、ある時、古谷一行《ふるやいっこう》さん演じる幕臣と出会い、父親が公儀隠密だったことを知り、親の仇討《あだう》ちをするため、自分も隠密になる決心をする。そういうストーリーで、キャストはほかにガマの油売りをしている浪人者の役が内藤剛志《ないとうたけし》さん、幕府の密偵が片岡愛之助《かたおかあいのすけ》さん、居酒屋の主人が火野正平《ひのしょうへい》さん、商人《あきんど》の役が遠藤憲一《えんどうけんいち》さん……今になって振り返ると、びっくりするほど豪華ですよねえ。

そして、私の役はというと、菊川一座の太神楽師の菊川春之丞《はるのじょう》。仙志郎と仙三も同じ役柄でした。

お染は太神楽も達者な芸人という設定で、もちろん舞台で演じる場面もありましたから、そのために、若村さんは三カ月も太神楽の稽古をしたんです。私もおつき合いさせていただきましたが、大変な頑張り屋だと思いましたね。若村さんが実際に演じられたのは花笠の曲取りと籠毬、それから水雲井《みずくもい》の曲もやりました。いやあ、実に立派な女太夫ぶりで、何とかうちの協会にスカウトできないかなと考えたくらいでしたよ。

ちなみに、「水雲井の曲」は主に戸外でやる演目ですから、寄席の常連でもご覧になったことのない方が多いかもしれませんが、長い竿の先に四方に房のついた板を載せ、その上に水の入ったグラスを置きます。そして、全体をピンと張った糸の上に載せて揺すったり、竿の根元に巻いた糸を操って回転させたりします。

収録は放映された年の二月から太秦《うずまさ》の撮影所で始まりましたが、冬の京都というのはとにかく寒いんです。初日の撮影の時、スタジオの外で待機していると、火野正平さんが「そんなところにいると寒いから」と言って、中へ呼んで、ドラム缶のストーブにあたらせてくれました。さすがの気配りで、「これなら女性にもてるわけだなあ」と思いましたね。

週に二日か三日収録があって、六月までかかったんですが、その間に内藤剛志さんと仲よくなって、今でもご縁が続いています。たまたま一緒に出るシーンが多くて、待ち時間などにお話ししているうちに打ちとけたんです。

内藤さんといえば今を時めく大スターですけど、とても気さくな方で、二月三日の節分に神楽坂の町内回りをしていると、私たちが行く時間を見計らって、毎年毘沙門様《びしゃもんさま》の近くの店で待っていてくださるんです。今年も奥様とマネージャーの方と三人で、わざわざ足を運んでくださいました。本当にやさしくて誠実な方ですね。

このドラマでは毎回舞台上のシーンがあるのがうれしかったですし、太神楽という芸の存在を世間にアピールする上でも意味があったと思います。

太神楽研修制度スタート

太神楽曲芸協会の前身である「大日本太神楽曲芸協会」の設立は昭和十二年ですが、当時は全国に三百人も会員がいて、茨城と東北に支部がありました。私が入門した昭和三十年でも、東京だけで百名近い会員がいたんですが、その後は減る一方で、私と仙之助なんか太神楽師を三十年やっても、まだ若手でした。後輩が入ってこないんですよ。やっぱり、自分の子供や親戚を入門させるという方式が時代に合わなくなったんでしょうねえ。

後継者が現れないまま平成の時代に入り、一番少ない時には三十人ほどになって、あと何年かしたら、二十人を割るんじゃないかというところまで追い詰められました。コウノトリじゃないけど、天然記念物になりかけちゃって、このままだと絶滅しかねないという危機感をもちましたよ。

ところが、世の中よくしたもので、そこに救世主が現れたんです。

もともと、国立劇場に養成科があって、そこで寄席の「お囃子さん」を養成するための研修をしていました。昔は「下座《げざ》さん」といいましたけど、高座に上がる我々芸人のために三味線を弾いてくれる女性をそう呼ぶんです。こちらも高齢化が進んだりして、足りなくなっていたので、研修生を募集したら、結構な人数が来て、成果が上がったんですよ。

それが一段落して、次は何か別なものをということになった時に、落語協会で事務局長をされていた渡辺哲司《わたなべてつじ》さんが「太神楽は寄席になくてはならない芸だから」と推薦してくださったんです。当時太神楽曲芸協会の会長だった翁家和楽《おきなやわらく》（三代目　一九三三～二〇一四）さんと私とであちこちお願いして歩いた結果、落語協会、落語芸術協会、日本演芸家連合のバックアップをいただいて、平成七年の秋から制度がスタートしました。正式名称は「日本芸術文化振興会　国立劇場太神楽研修」です。

本当は四月から始めたかったんですが、準備に手間取ったせいで遅れてしまいましてね、募集を始めたのが五月でしたから、時期も中途半端だったし、将来プロの太神楽師になりたいという希望者がどれくらいいるかと心配しましたけど、実際に蓋を開けてみたら、二十人も応募があって、いやあ、あの時はうれしかったですね。

豪華な講師陣

国立劇場の太神楽研修ですが、まず講師を紹介すると、翁家和楽、翁家小楽《こらく》（四代目　一九四四～）、翁家小和《こかず》、翁家喜楽《きらく》（一九三六～）、鏡味次郎《じろう》（一九三二～二〇〇七）、鏡味健二郎、鏡味小次郎、鏡味勇二郎、鏡味繁二郎、鏡味仙之助、鏡味仙三郎、柳家とし松《まつ》（一九四〇～二〇一二）、叶家勝二《かのうやかつじ》（一九四五～二〇一〇）の十三名でした。

研修期間は三年間。授業は平日の午前十時半開始で、まず立てものの稽古を八十分、昼休みを挟んで、午後から投げものの稽古を八十分。最初の一年間はそれだけです。二年目以降は副科といって、長唄、日本舞踊、三味線などの授業が入ってくるんですが、その講師陣が豪華でしてねえ、普通は初心者なんか絶対に相手にしないような大家が先生になって、イロハからちゃんと教えてくださったので、本当にありがたかったです。

とりあえず、一期生の時の講師をご紹介しますと、長唄が杵屋喜三郎《きねやきさぶろう》、杵屋勘五郎《きねやかんごろう》、杵《きね》屋吉之亟《やきちのじょう》、杵屋廣吉《きねやひろきち》、日本舞踊が藤間理衣《ふじまりえ》、そして、太神楽の歴史などの講義が東京国立文化財研究所の中村茂子《なかむらしげこ》。以上の皆様で、大変に素晴らしい顔ぶれでした。

一期の場合、二十名集まった応募者の中から選抜させてもらった十名で研修をスタートして、三カ月後に適性検査をして、五人に絞りました。これは開始が遅れたためのいわば臨時措置で、二期以降は

研修会での立てもの（上）、投げもの（下）の稽古

半年後に同じ検査を実施しています。

この制度のありがたいところは、適性検査に合格すると、国から月に十万円ほどの奨学金が支給されたことです。ただし、卒業後最低二年間は太神楽師をやらないと、返還する義務がある。まあ、国民の皆様の税金を頂戴するわけだから当然ですよね。

五人に月十万円ずつで、五十万。年にすると六百万円。それが二年半でしょう。いくら後継者を育てたいからといっても、とても我々が自前で出せる金額じゃありません。

一期は五人全員が卒業して、残念ながら一人は別な仕事に就きましたが、残りの四人は今も太神楽師として頑張っています。いただいたお金がむだにならなくて済みました。

二期は三人が適性検査を通ったんですが、三年の修業を終えて卒業できたのは一人だけでした。そんな調子で七期まで続けた結果、一時は二十人ほど若い太神楽師が増えました。その後、辞めた者もいますけれど、聴講生としての参加者も含めれば、十二人が今も続けています。

太神楽というのは落語や漫才よりもはるかにハードルの高い芸ですから、この世界に無縁の人間はなかなか入ってこられません。ですから、この制度のおかげで、太神楽について何も知らなかった人たちが興味をもち、最終的にそれだけの人数がプロになったというのは、伝承芸の今後を考える上で、非常に意義深いことだったと思っています。

また、十二人の中に女性が四人いるのも、とてもいいことですね。一期、二期は男ばかりで、三期から増えてきたんです。女の太神楽師というのは、私が入門した頃にも何人かいましたが、結婚すると辞めてしまって、誰も残りませんでした。太神楽の演目の中に男でなければできないものなんてほとんどないし、昔とは時代が違うんですから、ぜひ今後も長く続けてほしいと思っています。

国の予算を太神楽ばかりで独占するわけにはいきませんから、研修はしばらくお休みしていましたが、近い将来に再開する方向で、現在話が進んでいます。再開したその折にはぜひ若い方に奮って参加していただきたいですね。

太神楽の稽古の実際

研修制度が始まって、ちょっと困ったのは、やはりその家によって流儀が違うことでした。例えば、撥の投げ方一つでも細かい点については教え方が違います。別にどっちが正しいということはないんですが、これでは受講生が混乱してしまいますから、二期からは手書きの教科書を用意することにしました。

ちょうどいい機会なので、太神楽師というのは新米の時にどんな修業をするのか、少し詳しくお話ししてみたいと思います。

まず立てものについては、顔を天井へ向けて、横笛を顎の上に立てるところから始めます。昔は篠笛《しのぶえ》を使いましたが、今はそんなもの高価ですし、短くて軽いのでとても立てづらいんですよ。ある程度長くて重みのある方が、こちらも教えやすいので、練習用に塩化ビニールで笛の形のものを作りました。

それを五分間、顎に立てていられるところまで稽古しますが、そこまで行くのに一カ月から二カ月かかります。そして、何とかできるようになったら、そのままの姿勢で、八つある笛の穴へそれぞれ一本ずつ楊枝《ようじ》を差し込んでいく。さらに、八本入ったところで、今度は楊枝を一本ずつ抜いていく。稽古はそのくり返しです。

身につくまでに、個人差はありますが、まあ、三、四カ月はかかるでしょうね。これができたら、いよいよ五階茶碗の稽古に入るんですが、この演目の説明はまた改めてさせていただきます。

投げものの稽古については、私が小仙親方に弟子入りするところでもお話ししましたが、最初に使うのは撥です。材質は樫の木で、直径三センチ、長さは四十センチほど。片方の先端に赤い布が巻いてあって、こちらは我々が高座で使うのと同じものです。

最初は、一本の撥を右手と左手で赤い部分に触れないよう注意しながら、くるりと一回転させ、次に左右の手に一本ずつ持って、それぞれを代わる代わる一回転させる。ここまではそう難しくありません。

それができるようになったら、今度は右手の撥を左手へ向けて一回転させながら放り、それが届く前に、左に持っていた撥を右手へ向けて放ります。つまり撥を交差させるわけで、これを「綾取《あやど》り」といいます。そもそもは糸が斜めに交差する織り方を「綾織り」と呼ぶそうで、そこから来た符牒でしょうね。

こうして二本取れるようになったら、撥をもう一本増やして三本にしますが、早い人だと一、二カ月で三本の綾取りができるようになります。

ただし、問題はそこからで、手事と呼ばれるいろいろな技がありまして、それを一つ一つ覚えなくてはいけない。「四十八手の取り分け」といわれるくらい数がありますから、三年間ではとても無理で、一通りできるようになるまで最低でも五年はかかります。

曲芸では、そのほかに傘の曲なども稽古します。そして、前にもお話しした通り、二年目からは副科として長唄、日本舞踊、三味線、寄席囃子などを学び、三年目には獅子舞と江戸祭り囃子が加わります。

それらをすべてマスターすればめでたく卒業で、その後は一年間、噺家さんと同様に寄席で前座修業をさせてもらい、この世界のしきたりや礼儀など、芸人としての基礎を教わるわけです。

研修修了後は、教えを受けた講師のうちの誰かを受講生の方から逆指名してもらい、そこに入門してさらに研鑽を積みます。国立劇場の研修制度は太神楽のほかに、歌舞伎俳優、歌舞伎音楽、能楽、文楽などいろいろなコースがありましたから、まったくジャンルの違う伝統芸能の継承を目指す仲間とも交流できて、とても有意義だったと聞きました。

研修制度裏話

このように大きな成果を上げることができた研修制度ですが、もちろん教える側としてはいろいろと苦労もあったし、問題も起きました。最初に驚いたのは、太神楽が何かも知らないでやってきた応募者が多かったことです。例えば「『神楽』というから踊るだけだろうと思ったのに、なぜ曲芸なんかやらなくちゃいけないんですか」なんて平気で言い出すんです。新聞の告知は見たはずですが、今と違ってスマホなどというものはないので、詳しく調べたりはせずに、そのまま来ちゃったんでしょうね。中には「国が募集するんだから、公務員になれるんだと思った」なんて極端な例までありました。

こっちはプロの太神楽師を養成するつもりなわけですからねえ、途方に暮れましたけど、そこで短気を起こして「やる気がないのなら辞めろ!」なんて言ったら、すべてぶちこわしです。励ましたり、宥めたりしながら稽古をしているうちに、だんだんやる気が出てきて、いい方へ向かうようになりました。

平成二十六年に亡くなった翁家和楽さんのお弟子さんで、現在活躍中の和助《わすけ》(一九七七〜)君なんかもそんな中の一人で、よくわからないまま研修生になっちゃって、寄席に出るなんてことは夢にも思っていなかったらしいです。それが立派に才能を開花させて、今では若手のナンバーワンですよ。獅子舞、曲芸、茶番と三拍子揃っているんだから、大したものです。例えば土瓶の曲芸でも、完全に逆立ちさせ、弦《つる》でくわえた撥に立てる、なんてところまで演じますからね。私も昔は同じことをやってましたけど、今はもう年で、なかなか自信がもてません。もし彼が応募する前にちゃんと調べていたら、太神楽師にはなっていなかったでしょう。おまけに、研修生として三年後輩の小花《こはな》さんという女房までもらって、二人で翁家社中として高座に上がっているわけですから、人生、本当にどこでどう転ぶかわかりませんね。

翁家和助・小花

家族

結婚したのは昭和四十八年、二十七歳の時で、仙之助とコンビを組む少し前です。小仙親方の仲人で式を挙げました。

女房は恵美子《えみこ》といって、同い年でしてね、本業だけでは食えなくて、何だかんだとアルバイトをしている頃に知り合ったんですが、向こうの仕事は美容師でした。

かみさんの実家があるのは北海道の恵庭市《えにわ》といって、札幌市《さっぽろ》の近くなんですが、そこで農家をしていました。何しろ八人きょうだいの末っ子なもので、一番上の兄さんとは二十歳以上も年が違う。だから一緒になった時、義理の親父はもう七十五歳でしたが、結局一度も会わないままで結婚を決めちゃったんですよ。電話で話をしただけです。

その時、あとで「こんなはずじゃなかった」なんて言われるのは嫌なので、「私は芸人ですから、サラリーマンとは違って収入が不安定ですが」と言ったら、「本人さえよければ、俺は別にかまわない」。太神楽がどういう芸かもよく知らなかったみたいでしたが、すぐにそう言ってくれましたよ。私の舞台衣装なんかも作ってくれて、しかも「娘のためにするんだから、気にしないでくれ」と、恩着せがましいところが少しもないんです。ありがたかったですねえ。

結婚して二年後に長男が生まれて、子育てで忙しいので、しばらく美容師はお休みしてましたけど、その間も内職をして家計を助けてくれました。造花を作る内職でしたが、一本作っても二十銭か三十銭。それで月に十万とか稼いでたんですからねえ。我が女房ながら大したもんだと思いますよ。

最初、所帯をもったのは西日暮里《にしにっぽり》で、それから足立区の大谷田《おおやた》、そして、昭和五十六年に千葉県松戸《まつど》市に移りました。同じ年にかみさんが自宅で美容室を開業しましてね、これは今でもやっています。仲間からは「落語の『厩火事《うまやかじ》』と同じで、髪結いの亭主だ」なんて言われてますけど、まあ、しっかり者のかみさんであることは間違いないですね。

子供は二人いて、まず昭和五十年に生まれた長男の名前が茂久《しげひさ》で、これが今の仙志郎です。太神楽師になったのも、別に私が手ほどきしたわけじゃなくて、小学四年生の時に、師匠のおかみさんが「うちに来て、ちょっとやってみない」と声をかけてくれたんです。その時、小仙親方はもう亡くなっていましたけど、おかみさんも稽古の勘所は知っていて、我々が子供の頃にもよく教えてもらっていましたから。

そうしたら、週に一回きりだし、遊びがてら、ちょうどいいと思ったんじゃないですかね、稽古に通うようになりました。

そして、二年ほど習って、傘の曲とか五階茶碗とかができるようになった頃、当時日本テレビで「ちびっこスター誕生！」という番組があったんですけど、マセキ芸能社の社長さんが噂を聞いて、出てみないかと誘ってくださったんです。宮尾《みやお》すすむさん

芸能の神である奈良の天河大弁財天社にて

と榊原郁恵《さかきばらいくえ》さんが司会で、笑福亭鶴光《しょうふくていつるこ》（二代目 一九四八〜）師匠が審査員をされていました。

本人に話をしたら「いいよ」という返事でしたが、一人で何もかもやるのは大変だから、六つ下の妹に袢纏《はんてん》を着せて、後見として口上を言わせることにしました。

傘の曲芸をやったんですけど、ほかの子はみんな歌とか踊りだから、異色だったんでしょうね。一般の子供たち五十人が審査員でしたが、結局、満点近い点を取って優勝しちゃいました。

それで味をしめて太神楽師に……ということなら、話は単純ですが、そうではなくて、一時は全然違う職業を目指してたんです。そのあたりについては、あとで、自分の弟子についてまとめてお話しするつもりなので、その時にさせていただきます。

仙志郎の妹は啓衣《ひろえ》という名前です。小仙親方のおかみさんが三味線をやってましたから、娘が小学三年生の時に「あたしが教えるからうちに来なさい」と言われて、まあ、最初は嫌々ながら教わってたんです。そのうちに多少弾けるようになったら、長唄の先生から声がかかって、そこに稽古に通うようになり、結局はそれが仕事になりました。

寄席の中村吉右衛門

私もいつの間にか七十を過ぎてしまいましたが、ありがたいことに、今でもたくさんお声をかけていただけるので、一年のうちで三百日以上、寄席に出演しています。時には三軒かけ持ちなんて日もありますから、わざわざ数えたことはありませんが、年間の高座数は五百近いと思います。

一年三百六十五日、演芸が行われているところを定席《じょうせき》といって、東京では上野鈴本演芸場、新宿末廣亭、浅草演芸ホール、池袋演芸場、そして国立演芸場の五カ所です。落語協会の興行の時に何度か足をお運びいただければ、よほど運が悪くない限り、私どもの社中の高座をご覧いただけると思います。

寄席の出演料のことを符牒で「ワリ」と呼びますが、正直なところ、それほど多くはありません。ですから、私のように寄席のワリで生活している例は珍しいでしょうね。

つい最近の話ですが、一人で上野のアメ横を歩いていたら、三人連れの学生さんから「あっ、寄席の吉右衛門だ！　握手してください」と言われました。いやあ、うれしかったですねえ。たぶん、落語研究会の学生さんでしょうけど、本当の芸名を覚えてもらうより、そっちで呼ばれた方がうれしいくらいですよ。

あれを最初に言うようになったのは、相棒が亡くなって一年くらい経ってからでした。あるお客様から「吉右衛門さんにそっくりだね」と言われたんです。歌舞伎役者に似ていると言われれば悪い気はしませんから、「ありがとうございます」と頭は下げましたが、自分では別に似ているとは思わなかった。

でも当時、二代目中村吉右衛門さんは「鬼平犯科帳《おにへいはんかちょう》」の長谷川平蔵《はせがわへいぞう》役が大変な人気でしたから、次の日からシャレのつもりで、弟子二人が芸をやったあと、「お待ち遠さま。私が寄席の吉右衛門です」って言ってみたんですよ。でも、最初はあまり反応がありませんでした。まあ、自分自身が納得していないんだから、当然といえば当然ですよね。

それから四年ほど経って、平成十八年に柳家三語楼《さんごろう》師匠が六代目柳家小さん（一九四七〜）を継ぐことになり、その襲名披露パーティが新宿のホテルで開かれました。その時、お祝いのスピーチをするために本家の吉右衛門さんが見えてたんです。

このチャンスは絶対に逃せないと思いましたから、小さん師匠に頼んで、紹介してもらいました。師匠が「実は、寄席の仲間で不埒《ふらち》なやつがいましてねえ」なんて切り出しても、向こうは自分の名前が無断借用されてるなんてご存じないわけですよ。

普通だったら、「私、『寄席の吉右衛門』を名乗っています」なんて突然言われたら、「そんなバカな」と返しそうなもんだけど、さすが違いましたね。たった一言、「ごもっともです」。

それ以降は、堂々と自信をもって、キャッチフレーズが言えるようになりました。何しろ、ご本人にもちゃんとおことわりしてるわけですから。

お客様にも喜んでいただけるようになったんですが、三年前に今の金原亭馬生（十一代目一九四七〜）師匠から「フルネームの方がインパクトがあっていいよ」とアドバイスされたので、今はそうしています。

同じ台詞を言い続けて十六年。やっとこの頃、広く浸透してきたみたいで、寄席の高座でも常連さんから「待ってました、吉右衛門！」とか「播磨屋《はりまや》！」なんて声がかかるようになりました。

五十周年記念公演

平成十六年八月に国立演芸場で「鏡味仙三郎芸歴五十周年の会」を開きました。仙之助がまだ元気な頃に「一緒に太神楽を始めたんだから、五十周年の会をやりたいね」と話していたんですが、先に逝ってしまったので、せめて私一人でもと思ったんです。

当日、おかげさまで会場は満員で、獅子舞や傘の曲、一つ毬など寄席でおなじみの演目に加えて、変わったところではうちの社中の三人がコックの扮装をして、野菜や台所用品を使った曲芸を披露しました。キッチントリオの昔に帰ったわけですが、これはお客様に大変喜んでいただきました。

ゲストは「四人の会」の仲間の花島世津子さんと林家正楽さんで、世津子さんは普通の奇術のほかにおめでたい「松尽くし」を演じて、会に花を添えてくれました。

そして、何といっても驚いたのは正楽さんで、最初子供の頃の私と仙之助がランドセルを背負って曲芸の稽古をしている姿なんかを切ったあと、高座から私を呼ぶんです。

本番前に伝えられていたのは「とにかく、呼んだら来てね」って、それだけでしたから、訳がわからないまま出ていったら、一つ毬を演じているポーズを取るように言われました。正楽さんが紙を切って、プロジェクターに載せると、シルエットが背後のスクリーンに映し出され……私と仙之助が並んで毬を操っているように見えました。

本当は二人の五十周年の会にしたかったという私の気持ちを汲んで、仙之助をそんな形で高座に立たせてくれたんです。昔、よく三人で飲んでいましたからねえ。

太神楽と紙切りの共演

場内も盛り上がりましたけど、私は事前に何も聞かされていなかったので、感激で胸がいっぱいになりました。あの時、普段は天国の寄席に出ている仙之助も、きっと喜んでくれたと思いますよ。

團十郎さんとどんつく

前にもお話ししましたけど、「神楽諷雲井曲毬《かぐらうたくもいのきょくまり》」、通称どんつくを歌舞伎で上演する際には丸一の家元のところに挨拶があるのが、初演以来の慣例になっています。私の師匠の十二代目家元鏡味小仙は十六代目市村羽左衛門《いちむらうざえもん》さんや、三代目市川左團次《いちかわさだんじ》さんが市川男女蔵《おめぞう》を名乗っていた時代に教えましたし、その前の十一代目が六代目尾上菊五郎《おのえきくごろう》さんに教えている場にも同席したと聞いています。

稽古熱心で知られていた六代目菊五郎さんは、本職でもなかなかできないくらい花籠の振り分けが見事で、芝居の千秋楽には十一代目家元の小仙親方が飛び入りで出演し、やはり太神楽の太夫の着付けで、幕切れに曲芸を披露して喝采を浴びたそうです。

そういう伝統があることは知っていても、まさか自分がその立場になるとは思いませんでしたが、十一代目の娘さんの紹介でお鉢が回ってきました。平成二十二年のことです。

聞いた話では、「どんつく」という演目は基本的に坂東三津五郎《ばんどうみつごろう》さんか、その系統の役者さんでないと出せないらしくて、その年はちょうど七代目三津五郎さんの五十回忌と八代目の三十七回忌と九代目の十三回忌が重なったため、選ばれたのだそうです。会場は新橋《しんばし》演舞場でした。

追善としての上演ですから、配役は十代目三津五郎さんが荷持ちどんつく、息子の二代目坂東巳之助《みのすけ》さんが太鼓打ち、四代目市川左團次さんが田舎侍、大工が十五代目片岡仁左衛門《かたおかにざえもん》さんなどと大変に豪華でした。そんな中で、親方鶴太夫《つるだゆう》を演じられた十二代目市川團十郎さんを、私がご指導することになったわけです。

お宅に三回ほど伺いましたが、とにかくびっくりするほど広い家で、玄関を入るとすぐ右手に立派な稽古場がありました。私一人では大変なので、球拾い役として仙志郎を連れていったんですが、あいつは最初のうち暇なので広さを調べたら、三十六畳もあって、その半分が板敷きだったそうです。

歌舞伎の家にはお弟子さんがたくさんいるはずですが、そういった稽古の時には誰も近くに寄らせない。だから、その場にいるのはいつも三人きりでした。

そして、籠毬の曲の稽古が始まりましたが、團十郎さんというのは左利きなんですね。それ以前に白血病の治療をされたので、薬の副作用で指紋が消えてしまい、何か物をつかもうとすると滑るんだそうです。そんなこともあって、毬を何度も落とすから仙志郎は大変でしたけど、さすがは役者さんだと思ったのは、稽古が始まればその役になりきりますから、ポーズを決めるところなんかは、私が指導する以前にびしっと決まっていて、格好がいいんですよ。

とても気さくでおもしろい方でしたよ。たまたま私と同い年で、趣味が二人ともゴルフだったんです。團十郎さんは普段は右で打ってるんだけど、ゴルフバッグの中に左用の七番アイアンを一本だけ入れておいて、木の根っこあたりにボールが寄っちゃった時とか、いきなりそれで打つとキャディさんがびっくりする。休憩の時に、そんな話を伺いました。

初日の前の日には演舞場まで行って、舞台の上でいろいろアドバイスさせてもらいました。実際に幕が開いて、最初のうちはあまりうまくいかなかったみたいですけど、ご愛嬌だから、失敗しても別にかまわないんですよ。一回でも毬が入ればワーッとウケますしね。あまり完璧にやられては、我々の立場がありませんから。

でも、一カ月続けるうちには上達されて、最後の頃には堂々たる太神楽師の親方ぶりだったそうです。訃報を聞いたのはそれから三年後ですが、本当に残念だと思いましたねえ。

仲間からは「寄席の吉右衛門が本物の團十郎を指導した」なんて冷やかされましたけど、めったにできない貴重な体験をしたと思っています。

寄席での役割

我々の寄席での役割は、次の出番の噺家さんが気持ちよく高座に上がれるよう、うまくバトンタッチする。これに尽きると思っています。だから、お客様から「今日の太神楽はよかった」と言われるよりも、「今日の寄席は楽しかった」と言っていただく方がうれしいですね。それは番組全体を評価していただいたということですから。

興行の最後の出演者が主任《トリ》で、持ち時間も長いのですが、その一つ前の出番を符牒で「膝《ひざ》代《が》わり」とか「ヒザ」っていいます。紙切り、奇術、音曲など色物《いろもの》の芸人が務めるのが慣例なので、太神楽師もよく呼ばれますが、ヒザの芸というのはただウケればいいというわけじゃなくて、トリのじゃまになってはいけないんです。

だから、古典落語をじっくり聞かせる師匠のヒザを務める際には、お客様を緊張させるような演目はできるだけ避けるようにしています。例えば、投げものに刃物を使う場合でも、先の尖ってないナイフにするとか。あと、「鍬の曲」なんかも寄席ではやりません。あれは結構スリルがあって、お客様にはウケますけど、次に出てくる噺家さんがやりづらくなる恐れがありますから。宴会の席の余興とかなら、注目してもらえていいんですけどね。

亡くなった古今亭志《し》ん朝《ちょう》（三代目　一九三八〜二〇〇一）師匠は地方の独演会にも必ず

色物を呼んでくれて、私も何度もご一緒しましたが、「落語ばかりが続くとお客様が疲れてしまう。間に入ってもらうと、お客様に対するサービスになる」とよくおっしゃっていました。太神楽は落語とは違い、目で見る芸ですしね。

ただ、ヒザで怖いのは、トリが来ない時です。今は携帯電話があるので楽になりましたが、昔はそんなものがないから、先の見通しが立たない中で自分たちの芸を披露しなければならなかった。

だから、先代の圓楽師匠がまだ落語協会にいた時分に、あちらがトリで、小仙親方がヒザ。ところが、前の放送収録が延びちゃって、さっぱり現れないので、うちの師匠が一時間つないだのをそばで見てましたよ。

私と仙之助のコンビでも、五十分くらいまではありましたね。そんなに長い時間、曲芸ばかりはできませんから、そういう時には茶番をやります。例えば、前にお話しした「お能万歳」なんかは、小道具が扇子一本でできるから急の場合には都合がいいんです。両方合わせて、何とか五十分もたせました。それができなければ、ヒザは務まらない。だから、誰にでもできるポジションじゃないんですね。

私は今、落語協会の理事もやらせてもらっているので、新しく入ってきた色物の芸人さんに、寄席の高座に上がる際の心得として、「自分たちさえウケればいいと思わないで、番組全体の流れの中での役割と責任をきちんと考えてください」と伝えています。

弟子について

うちの一番弟子は息子の仙志郎ですが、テレビの番組に出演して優勝したところまでは、前にお話ししました。

それですっかり味をしめて、親と同じ道を邁進……とはならなかったんです。そこから五年以上ブランクがあって、私に入門したのは平成五年、十八歳の時です。

一時はアニメーターになりたいと言って、そっちの関係の学校に通っていたこともあったんですが、それで生活するのは大変だということがわかったんでしょうね。ずいぶん悩んだあげくにやってきて、「太神楽をやりたいから、お願いします」と言いました。

自分のせがれですからねえ、内心はうれしかったですけど、両手《もろて》を挙げて賛成せず、一つだけ条件をつけました。それは寄席で前座修業をさせてもらうことでした。そうすれば、出演者の皆さんに名前を覚えてもらえるし、芸人としてのマナーも身につくでしょう。

ただ、高座に出ていって、いきなり曲芸をやるわけにはいきません。プログラムの前に上がる「開口一番」を務めなくちゃいけないから、落語も習わせました。最初、林家正雀《しょうじゃく》（一九五一〜）師匠のところへ稽古に行き、あとは亡くなった桂文朝《かつらぶんちょう》（一九四二〜二〇〇五）師匠からも噺を教わりました。今でもやれるかどうかは知りませんが、その時分には四つか五つはもちネタがあったはずですよ。色物の芸人で前座修業をしたのは、落語協会ではあいつが第一号でしたが、やらせて本当によかったと思っています。

そんな形で二年ほど修業しましたが、その時にはもう国立劇場の太神楽研修制度が始まっていたんですよ。一期生の募集には間に合いませんでしたが、聴講生というシステムがありまして、月に三千円くらい払えば同じ授業が受けられるんです。仙志郎は芸の下地があるから、それで十分だろうと思って、寄席での修業が終わったあとは、そちらを受講させました。

落語を習ったおかげかもしれませんが、口上を述べせても間《ま》がよくて、何かで司会なんかやらせると、仲間内で一番うまいくらいです。若い者からも人望があるみたいで、私が言いたいことをワンクッション置いてうまく伝えてくれるので、そういうところは楽ですね。

見ていると、傘の曲なんかは達者で、しかも丁寧に演じるからお客様にもよくウケます。ただ、あれは落語でいえばマクラみたいな芸で、ほかにもたくさん演目があります。それらについて、自分なりに稽古はしているんでしょうが、私には見せないですね。芸の幅を広げることが仙志郎の今後の課題だと思っています。

二番めの弟子が仙三です。山梨県甲府《こうふ》市の出身で、國學院大學に入学したんですが、在学中に国立劇場の募集広告を見て、卒業後に二期の研修生になりました。前にお話しした通り、あの時は残りの二人は途中で脱落してしまいましたが、何とか無事に卒業して、平成十三年、私に弟子入りしました。

人柄は真面目で、強情なところが私によく似ています。芸に関しては熱心で、「昔はこんな技もやっていた」と言うと、「じゃあ、私も稽古します」と積極的に取り組むので、ほかの者は誰もやらないようなことまで、仙三には教えているんです。

例えば五階茶碗でも、最後に積み上げた板と茶碗を下ろす時、井桁《いげた》に積んだ上の方の板を扇子でポンと払うと、上の段の茶碗が落ちて、重なるでしょう。さらに、下の板もまた払って台座へ落とす。だるま落としの要領ですね。「払い板」というんですけど、難しいのでやる人がいなくなりました。これを教えたら、稽古して、できるようになりましたよ。そういう稽古熱心で、芸に対する姿勢が真剣なところを、私は買っています。

次の弟子が仙花で、こちらは三期の研修生です。仙志郎に仙三、仙花。三人揃って昭和五十年の生まれなんですよ。仙花の出身は東京です。芸に関しては、何でも無難にこなしますが、特にこれといったものはありません。ただ、剽軽《ひょうきん》なところがありま

師匠を前に、丸一仙三・仙花

して、お客様相手の仕事ですから、それが何よりも取り柄でしょうね。

国立の研修では仙三が先輩になるわけですが、どうもその頃から仙花の方がほれていたみたいで、亭主をつかまえるために私を逆指名して弟子入りしたんじゃないかと睨んでいます。その作戦が功を奏して、平成二十二年に二人は結婚しました。

その前の年から、私たち協会員も手伝って、甲府市内の商店街の町内回りをしていたんですが、お母さんの体調が悪いとか、いろいろな事情があって、平成二十五年に地元へ帰って独立して、その時に鏡味仙三・仙花から丸一仙三・仙花に改名しました。少しわかりにくいんですけど、「鏡味」は苗字で、「丸一」は家号。だから、丸一の方が名乗れる範囲が広くて、今の江戸太神楽は大半がその系統です。

もちろん山梨県内だけで仕事をしているわけじゃなくて、全国あちこちに出かけているようですが、地元を元気づけたいという気持ちが強いようなので、ぜひ頑張ってもらいたいですね。

そして、一番末の弟子が仙成です。平成八年の生まれなので、現在、我々の協会では最年少の太神楽師ということになります。

これはテレビの取材を受けた時などに、本人が喋っていたことなので、そのままお話ししますけど、文字を見ても理解しづらいという学習障害があって、例えば学校のテストでも、そもそも問題文の意味がうまく汲み取れないから、答えもなかなか出てこない。そんな状態が続いて、ずいぶん苦労したみたいです。

出身が埼玉県飯能《はんのう》市なので、小学生の頃から親が池袋の寄席へ連れていき、そこで太神楽と出会ったと聞きました。勉強が得意ではなかったので、まったく別の道で一人前になりたい。そんな気持ちもあって、「高校へは行かないで、太神楽師になる」と決心したようです。

ただ、国立劇場の研修生の応募資格は「中学校卒業から二十三歳まで」だったんですが、仙成はこれまでで最後の七期にも間に合わなかったんですよ。募集している段階で、まだ中学生でしたからね。そこで一年間は私が個人的に面倒をみて、その後、聴講生として研修に参加させました。

研修を終える時、「別に義理立てしなくていいから、自分の好きな講師のところに行きなさい」と言ったんですけど、「ほかには考えられない」と本人も親も口を揃えるので、平成二十六年に私の弟子になりました。

性格的にも芸人に向いているようだし、稽古も一生懸命やっています。太神楽で一番難しい演目の一つ毬に熱心に取り組んでいて、あれを全部マスターするのには五年くらいかかるんですが、半分くらいの技はもうできるようになりました。あとは五階茶碗でも、撥を二本継いだ真ん中に扇子の要《かなめ》を差し込んで抜き取る「抜《ぬ》き扇《おうぎ》」という難しい技がありますが、稽古して、完璧にマスターしましたよ。

テレビのインタビューで「将来の夢は?」ときかれて、「人間国宝になりたい」と答えていましたが、まだ若くて先が長いんだから、可能性は充分にあります。まあ、その時、私がこの世にいるはずはありませんけどね。

協会の重鎮たち

太神楽曲芸協会の会員は令和元年十一月現在二十六名ですが、この中には水戸大神楽や江戸里神楽の継承者、そして、関西で活動している者も含まれているので、江戸太神楽の演者はベテラン五人と若手十二人です。

私を除くベテラン四人についてご紹介させていただきますが、まず最年長の鏡味健二郎さんは昭和十年生まれで、私よりも十一歳上になります。

健二郎兄《にい》さん……といつも呼んでいるので、そう呼ばせてもらいますが、兄さんは昭和二十二年に鏡味時二郎《ときじろう》親方に入門し、その翌年、初舞台を踏んでいます。

昭和二十六年に鏡味次郎さん、翁家和三郎《わさぶろう》さんとともにキャンデーボーイズを結成して、落語芸術協会の寄席に出演するようになりました。その後、メンバーの変更があって、平成四年から次郎さんと二人でキャンデーブラザースとして活躍しましたが、平成十九年に次郎さんが亡くなって以降は一人で高座を務めています。

前にお話ししたように、健二郎さんは先代の今輔師匠の息子で、お父さんが太神楽師の方が仕事が多くて、生活するのに困らないだろうと思って、この道に入れたのだと聞きました。

当時は落語だけで食べていくのがなかなか大変だったみたいで、柳家金語楼《やなぎやきんごろう》（一九〇一〜一九七二）師匠なんかも、それが理由で太神楽の稽古をしたそうです。丸いお盆で衣紋流しをするとか、座布団を五枚くらい一度に回すとか、そういうことをやった方が、当時は手っ取り早くお金になったんでしょうね。

健二郎兄さんの芸風は一言で言えば、モダンでスマート。例えば傘の曲なども、洋服を着てやるので、袴をはいている我々とは違って、あまり足を開かず、きれいな立ち姿で演じるわけです。道具についても金色の枡を使ったりとか、そういう工夫をしていました。キャンデーボーイズの時代には、傘を使って毬の放りっこをするのが十八番で、客席が沸きましたけど、今はその芸も見られなくなってしまいました。

一般的に洋装で演じる場合には、高座で喋らないことが多いです。伝統的な太神楽の口上なんかは似合いませんからね。ただ、その分、お囃子さんはずっと弾き続けなくちゃいけないから、大変でしょうけど。

そして、残りの三人はほぼ私と同世代です。まず鏡味勇二郎さんが昭和十九年生まれ、鏡味繁二郎さんが十八年生まれで、それぞれ昭和三十年と三十一年に鏡味時二郎親方に入門しています。つまり、兄弟弟子ですね。
そして、昭和三十六年にボンボンブラザースを結成して、それから六十年近く、今も現役のバリバリで落語芸術協会の寄席などで活躍しています。これだけ長く続いたコンビというのは、ちょっとほかにないでしょう。

ボンボンブラザースというコンビ名をつけたのは、今はありませんが、浅草松竹演芸場の支配人さんだそうで、その前にキャンデーボーイズがいたから、ボンボン。ウイスキーボンボンの「ボンボン」で、要するにお菓子から来ているんですね、あれは。

繁二郎さんが堺正章さんの従兄弟《いとこ》だという話は最初の方でしましたが、風貌も似ていますけど、お客様を笑わせようというサービス精神も共通していて、お得意の細長い紙を鼻の頭に立てる演目なんかがその表れです。

実際に見ていただければ一目瞭然ですが、あれは白い紙テープを切って真ん中で折るん

鏡味繁二郎

鏡味勇二郎

です。それを立てるわけで、昔は噺家さんなんかが余興によくやってました。つまり、紙だからパタンとは倒れないので、足を使って体を移動させれば何とか元に戻る。他愛ないといえば他愛ないですが、その程度のものを看板芸にまでしたのは繁二郎さんの腕ですよ。舞台を行き来するだけじゃなくて、階段があれば、客席まで下りていっちゃうでしょう。毎回、必ずバカウケしますからねえ。

ただし、夏なんかは五分前くらいにエアコンを止める必要があるし、屋外ではできません。何とも微妙な芸ですよね。

繁二郎さんはとても陽気な人ですが、それとは対照的に勇二郎さんは口数が少なくて、逆にそういうところが長続きした秘訣なんだと思います。

コンビで使う道具は勇二郎さんが全部作るそうで、職人的な才能があるんでしょうね。寄席にやってくる通《つう》はボンボンブラザースさんの高座では、もっぱら勇二郎さんの方を見るそうですよ。繁二郎さんの派手な動きをどうしても眼で追ってしまいがちですが、その時に相棒が何をしているかを見て楽しむのが通だ。そんな話をお客様から伺いました。

四人のうちの最後の四代目翁家小楽さんは昭和十九年生まれで、師匠はお父さんの二代目翁家和楽（一八九六〜一九八〇　晩年に楽翁《らくおう》と改名）親方。昭和二十七年の入門です。

三代目和楽さんの実の弟で、昭和三十八年翁家トリオに参加して、昭和五十七年からは兄弟でのコンビ、そして、平成二十六年に和楽さんが亡くなったあとは和助、小花と翁家社中を結成して、活躍を続けてきました。

現在でももちろん社中の一員ではありますが、体を悪くして、高座から少し足が遠のいています。早く快復して、また元気な姿を見せてほしいですね。

曲芸の腕はもちろんですけど、小楽さんの一番の芸は獅子舞です。だから、国立の研修の時にもずっと講師をお願いしていました。私なんて、足元にも及ばないほどの名人ですよ。

私は若い頃、もっぱら獅子舞の太鼓を担当していて、兄弟子が辞めた時に、師匠から急きょ指名されたんです。それまではそんなに難しい芸だとは思いませんでしたが、いざ自分がやる段になり、改めて見ると、翁家さんの獅子舞はすごかったです。何とか習いたいと思いました。

その時、小仙親方は病気で入院していたのですが、二代目の和楽親方に電話で頼んでくれて、そのおかげで、小楽さんから教えてもらうことができました。

獅子舞についてはまたあとで詳しくお話ししますが、例えば猫もそうですけど、何かに気を取られた瞬間にパッと耳を立てるでしょう。神事舞なので、獅子頭の中の仕

翁家小楽

掛けについてお話しするのは控えますが、あれはよほどの技術がないと、自然な動きになりません。そういうところが、小楽さんは実に上手なんですよ。

わりと物静かで、口数は多くないんですが、歌がうまくて、やさしいので女性にはもてます。気配りの人ですね。

次世代のエースたち

最近は、うちの協会員が寄席の出番をたくさん頂戴するようになって、とてもありがたいことだと思っています。

どこの席でも太神楽か紙切りがヒザを務める例が多くなりまして、特に末廣亭ではそこに太神楽師が出演するのが恒例のようになりました。前にもお話しした通り、噺家さんたちのじゃまになってはいけないというのが私の師匠である小仙親方の教えでしたから、それを忠実に守り続けてきた結果、ここまで来ることができたんだと思います。

こうなると、私たちみたいな年寄りばかりでは回りきれませんから、若手の太神楽師がヒザを務める機会が増えましたが、これは本当に幸せなことです。

不特定多数の方たちを相手にするイベントの余興などとは違い、寄席のお客様は全員が芸を見るためにお金を払っておいでくださってますから、一番やりがいがあるし、しっかりやらないと、いい反応が返ってきません。したがって、責任も重い代わりに、ほかのどこよりも自分たちの勉強になります。

現在活躍している若手が入門するきっかけになった国立劇場の研修制度は、寄席の関係者の方々の後押しがあったからこそ実現できたわけで、そういう意味では恩返しができて、責任者である私もほっとしているところです。

この本の読者の皆様も、どこかの寄席で出会うことがあるでしょうから、彼らについても簡単に紹介しておきたいと思います。

まず落語協会についてですが、太神楽曲芸協会員の若手でこちらに所属しているのは翁家社中と翁家勝丸《かつまる》（一九七五〜）。和助君と小花さんのコンビについては前にお話ししたので、省略するとして、勝丸君は翁家勝之助《かつのすけ》さんの弟子です。

彼のお父さんは元落語家でしてね、六代目三升家小勝《みますやこかつ》（一九〇八〜一九七一）師匠の弟子で、やはり勝丸を名乗っていました。その後、漫才師に転向して、奥さんとコンビを組み、林家ライス（一九四一〜二〇一八）・カレー子（一九四九〜）という芸名で活躍していたんですが、残念ながら亡くなってしまいました。

つまり、彼は父親の昔の芸名を引き継いで高座に上

翁家勝丸

がっているわけで、その点については、ライスさんも喜んでくれていると思います。父子《おやこ》で顔もそっくりですしね。最も得意な芸は籠毬で、一人高座ならではの苦労もあるでしょうが、よく頑張っていると思いますよ。

落語芸術協会の方の若手は春本小助《はるもとこすけ》（一九九二〜）、鏡味小時《ことき》（一九八六〜）、鏡味正二郎《せいじろう》（一九七二〜）、鏡味味千代《みちよ》、鏡味よし乃《の》（一九九三〜）の五人ですが、最初の二人は丸一小助・小時というコンビ名で寄席に出ています。

まず春本小助君ですが、彼だけほかと家号が違うのには理由があります。平成二十三年に日本で唯一の講談の定席だった本牧亭《ほんもくてい》が惜しまれつつ閉場しましたが、その最後の席亭の清水孝子《しみずたかこ》さんのお父様が二代目春本助治郎《すけじろう》（一八九五〜一九四二）といって、太神楽の世界では「一つ毬の名人」と呼ばれた人でした。その清水さんから「自分の目の黒いうちに、誰かに名跡を譲りたい」という希望があって、協会で名前を預かることになったんです。

小助君はボンボンブラザースの勇二郎さんの弟子ですが、彼から話があって、春本を継ぐことが決まりま

春本小助

鏡味小時

した。しかし、最初から助治郎では荷が重すぎると考え、小助を名乗ることにしたんです。太神楽の世界には、現在は絶えてしまった由緒ある名跡がたくさんありますから、その一つが復活した意義は大きいと思いますね。

実は、小助君の得意な演目も一つ毬なんですよ。研修で指導したのは私ですから、先代譲りというわけではありませんが、衣紋流しを教えたら、熱心に稽古に取り組んで、今では彼の売り物になっています。これもまた縁でしょうね。

相棒の小時君も勇二郎さんの弟子で、千葉県船橋《ふなばし》市の歯医者さんのせがれです。彼はごく真面目な性格で、芸熱心。ですから、曲芸の腕もしっかりしてますし、獅子舞なんかも一生懸命やっています。

この二人が加入したおかげで、落語芸術協会の興行でもお正月にお獅子を出せるようになったんですよ。獅子頭をつける者以外にもいろいろと役割があって、最低五人いないと、お獅子はできません。ボンボンさんや健二郎兄さんが手伝っていますが、寄席らしい雰囲気を出せるので、とても結構なことだと思いますね。

正二郎君は繁二郎さんの弟子で、一人高座ですけど、自分でいろいろと工夫しながらよく頑張っていて、末廣亭で昼夜両方のヒザを務めたりもしました。寄席の

鏡味正二郎

側から、それだけ高く評価されているということでしょうね。

彼の一番の売り物は「祇園毬《ぎおんまり》」です。古くから演じられてきた扇子と毬を使う曲芸で、どちらかといえば地味な演目ですが、そういう伝統を大切にする姿勢は立派だと思っています。

女性二人の中で、まず味千代さんは勇二郎さんの弟子ですが、彼女はとにかく経歴が変わっています。高校時代に一年間フランスに留学した経験があって、フランス語も英語もペラペラ。その後、一流大学を出て、広告関係の会社に入り、かなりの高給を取っていたのに、それを捨てて太神楽師になりたいと思ったそうなんです。

ところが、太神楽研修制度には年齢制限があって、当時の彼女はその基準を完全にオーバーしていました。だから、たぶん本人も普通に応募したのでは門前払いにされると思ったんでしょうね。国立劇場の理事長宛に手紙を書いて、「どうしても研修生になりたい」と直訴しちゃったんです。

それで、理事長からトップダウンで「やる気があるようだから、採《と》ってやってはどうか」と話が来て……いやあ、あの時は驚きました。

それくらいですから、高座に上がっても物怖《ものお》じしないし、ハキハキしていて明るい芸です。人脈も広くて、

鏡味味千代

いろいろなところに仕事に行っているみたいで、そういう点はさすがだと思いますね。

もう一人の女性、よし乃さんはボンボンブラザースの繁二郎さんの弟子です。女性では一番の若手で、やはり一人で寄席に出ています。彼女は曲芸も一通りそつなくこなしますし、喋りもうまいです。かわいらしい芸風とでも言えばいいでしょうかね。お囃子の太鼓も実に上手に叩きます。

まあ、定席の出演者というのはほとんどが年寄りばかりですから、そんな中に二十代の女の子が出てきて曲芸をやれば、意外性もあるし、もうそれだけでウケちゃいますよ。だけど、いつまでも若いままではいられませんから、何か売り物になる芸を見つけるのが今後の課題でしょうね。

実はあともう一人女性で、太神楽研修四期生の鏡味初音《はつね》さんがいます。繁二郎さんの弟子で、口上などものんびりとしていて、おもしろい個性があったのですが、結婚したご主人の仕事の都合で、今はアメリカにいて、寄席はお休みしています。ただ、落語芸術協会に籍は置いているので、今後、もし日本に戻ってきたら復帰してもらえるといいですね。

鏡味よし乃

鏡味初音

協会の恒例行事

協会の七代目会長を引き受けたのは平成十六年で、主な役割は演芸関係のほかの協会との打ち合わせに行くことと、うちの協会が関わる行事の責任者を務めることです。

太神楽曲芸協会も平成二十九年で創立八十周年を迎えましたので、八月二十六日に国立演芸場で「太神楽曲芸　妙技の数々」という記念の会を開きました。

一年間の恒例行事を簡単にご紹介しますと、まず一月三日から七日まで国立劇場で行われる新春歌舞伎公演の幕が開く前にロビーで獅子舞をご披露します。前は幕間《まくあい》に演じていましたが、そうするとお客様が散ってしまう。そこで、先にやるようになったんですが、ご存じの方はそれを目当てに早めにいらっしゃるみたいで、毎年かなりの人数が集まります。

町内回りも復活しまして、まず一月が浅草です。以前は湊家小亀《みなとやこかめ》（三代目　一九三二〜一九九〇）さんが回っていたんですが、平成二年に亡くなったあと、いったんは絶えていました。浅草おかみさん会という組織がありまして、そこから鈴本演芸場の社長に「何とか商店街の景気づけをしたい」という話があって、それが我々のところに回ってきたんです。

平成十五年からやっていますが、やっぱりお正月の浅草はいいですね。一月三日から、雨が降らなければ四、五日間。人出が多いから、歩いていても楽しいですよ。昔の門づけの雰囲気がありますね。

二月の節分には神楽坂で町内回りをしますが、こちらは浅草より早くて、平成六年からです。地元にいる知り合いからお話をいただいて始めました。まず坂の途中にある毘沙門《びしゃもん》様で有名な善國寺《ぜんこくじ》で獅子舞などを奉納して、豆まき式を終えたあとで商店街を回ります。あそこは花柳界がとても盛んでしょう。古くからの節分の行事で、「おばけ」というらしいですけど、芸者衆が思い思いの仮装で加わってくれたりして、なかなか風情がありますよ。

五月は二つあって、まず二年に一度、連休明けに開催される神田明神《かんだみょうじん》の神田祭神幸祭《しんこうさい》に参加しています。総勢八百人が五百メートルにもわたって練り歩く平安絵巻行列ですが、そのしんがりを務めるのが私たちです。車の上で祭り囃子を演奏して、歩きながら曲芸などをご披露するんですが、何しろ三十キロ以上の距離なので、終わった時には相当くたびれますね。

そして、五月二十一日が川崎大師《かわさきだいし》まり塚《づか》まつりで、これは昭和二十八年からずっと続いています。太神楽師が普段使っている毬に代表される道具に感謝し、古くなったものを供養するため、昭和二十六年に台東区菊屋橋《きくやばし》の熊谷《くまがや》稲荷にまり塚を建立したんですが、これが昭和三十五年に川崎大師境内に移転・再建されました。

毎年、午前中に貫首様の元で法要が行われ、午後一時から奉納演芸が賑やかに開催されます。

寄席以外にもこれだけいろいろな場所で芸をご披露していますから、興味をお持ちになった方はぜひどこかにお出かけいただければ幸いです。

太神楽曲芸協会の東南アジア公演

平成十六年から、文化庁国際芸術交流支援事業として、タイのバンコクとチェンマイ、ラオスのビエンチャン、カンボジアのプノンペンとアンコールワットを毎年交替で回り、公演することになって、平成二十九年まで続きました。

出演する太神楽協会員は六、七人で、そのほかに文化庁からのスタッフなども同行します。十二月初め頃、四泊五日の日程でしたが、私も会長という立場上、責任者として毎回参加しました。

ラオスの小学校での公演

会場は学校、老人ホーム、児童養護施設と、さまざまでした。番組は普段と同様で、獅子舞と曲芸を約一時間見ていただきましたが、特に獅子舞が子供たちに大変な人気でした。客席に入っていくと、怖がって、キャーキャー言いながら逃げ回るんですが、珍しいからまた戻ってきます。曲芸も身を乗り出して見てくれましたし、そのあとで、和傘の上で紙風船を回したりして一緒に遊ぶと、それも大好評でしたね。

十二月といえば日本は冬ですけど、向こうは暑いので、夏物の高座着を用意して行きましたが、それでも出演者全員が汗びっしょりになります。しかし、公演が終わって、盛大な拍手をもらうと、疲れなんか吹っ飛んでしまいますね。やはり見る芸なので、言葉の壁なんて全然関係ないんです。

特に印象に残っているのは二年目にタイのバンコクへ行った時で、スラム街の中にある広場に特設された屋台で公演しました。その時のメンバーはボンボンブラザース、鏡味正二郎、そして、うちの社中三人でしたが、子供からお年寄りまでたくさんの人たちが見に来てくれて、とても喜んでくださいました。

そして終演後、一人のおばあさんが屋台の前までや

現地の女の子の妙技

ってきて、「ここで外国人が公演してくれたのはあなた方が初めてだ」と涙を流しながら話してくれました。その言葉を聞いた時、太神楽をやっていてよかったなと、しみじみ思いましたね。我々にできることはほんのわずかですが、これでも、日本という国のために少しは貢献できているのかもしれません。

小沢征爾《おざわせいじ》さんと田中真弓《たなかまゆみ》さん

私みたいな仕事をしていますとね、たまにですけれど、普通ならばそう簡単には会えないようなすごい方にお目にかかれる機会があるんですよ。

平成元年頃だったと思いますが、八光亭春輔《はっこうていはるすけ》（三代目　一九四七〜）師匠から、日本橋のたいめいけんで開かれるボストン交響楽団日本公演の打ち上げの余興の仕事が回ってきました。たいめいけんといえば、東京でも指折りの洋食の老舗で、私も以前にはお正月の獅子舞で回っていて、昭和五十三年に亡くなった初代の茂出木心護《もでぎしんご》さんのこともよく存じ上げていました。その初代が八代目正蔵師匠ととても懇意にしていたので、その弟子である春輔さんのところへ余興の人選の相談があったわけなんです。

広間にしつらえられた高座に仙之助と二人で上がり、挨拶したあと、いつも通りに傘の曲に入りました。寄席囃子は生ではなく、三味線と太鼓のテープを持参していて、まずは

「竹雀《たけす》」が流れます。そうしたら、高座のすぐ前の席にいた小沢征爾さんがいきなり立ち上

がって、指揮を始めちゃったんですよ。いやあ、びっくりしました。何しろ、世界的に有

名な大指揮者なんですから。

傘の曲のお囃子は竹雀から、やがて「しころ」に変わりますが、こちらはテンポが速い

のので、それにつれて指揮の方もヒートアップ。それを見た楽団員たちはもちろん拍手喝采

で、会場は大盛り上がりになりました。

まあ、多少お酒が入ってたんでしょうけど、小沢さんのサービス精神は大したものだな

と感心しましたし、そんな姿に接することができたのは芸人冥利に尽きると思いましたね

え。クラシックファンの方なら、大枚払ってでも見たかったでしょう。

それと、これはごく最近のことですが、声優の田中真弓《たなかまゆみ》さんにお目にかかりました。

ＮＨＫのＥテレで毎週金曜日の夜に放映している「にっぽんの芸能」という番組があっ

て、私も二年ほど前に出演して籠毬の曲をご披露しましたが、その時に知り合ったスタッ

フの方から電話をもらったんです。

「女優で声優の田中真弓さんに太神楽の稽古をつけていただけませんか」というお話だっ

たので、「ぜひよろしくお願いします」とお引き受けはしたものの、大変失礼な話ですけれ

ど、その時には田中さんてどういう方なのか、よくはわかりませんでした。

それで、うちの娘にきいてみたら、「ええっ、お父さん、知らないの？　スーパースター

だよ！」。テレビアニメの「ONE PIECE」の主人公のルフィとか、映画の「天空の城ラピュタ」のパズーとか、私でも知っているような役をたくさん演じられていて、その世界では大変な方だったんですね。

伺ったところ、息子さんがプロの大道芸人で、ご自身も二十年以上、ジャグリングを趣味にされている。そんな関係で太神楽にも興味をもたれて、一度挑戦してみたいとお考えになったんだそうです。

国立演芸場の稽古場でお会いしたのですが、ちょっと要領を教えただけで、撥三本の曲取りをこなしてしまわれたのには驚きましたねえ。普通はいきなりやっても、まず取れません。ジャグリングで基礎ができているからこそでしょうね。

一緒に稽古したのは撥のほかに、花笠の曲取り、籠毬、そしてナイフの取り分けも少しやりましたが、本当に呑み込みが早いので、一時間くらいで収録が済んでしまいました。ほかの人だったら、たぶん三、四時間はかかったと思いますよ。

田中さんはとても気さくで、ずいぶんいろいろとお話ししました。好奇心が旺盛で、「これはどうするんですか。あれは？」と次から次に質問されて、やはりどんな世界でも大物になる方はバイタリティが違うなと思いましたね。

今後も太神楽の稽古は続けたいというご意向なので、「上達されたら、うちの社中と一緒に寄席に出てください」とお願いしましたけど、もし本当に実現したら楽しいでしょうね。きっと、大ニュースになるだろうと思います。

今後に向けて

私の師匠である小仙親方も言ってましたが、協会名も本来は「太神楽協会」にすべきで、わざわざ「曲芸」とつけるのは、そうしないと世間一般でわかってもらえないせいです。だから、今後は「太神楽」と言っただけで誰にでもわかってもらえるよう存在をアピールしていきたいです。

いろいろな方のおかげもあって、絶滅危惧種になりかけていた江戸太神楽にも明るい未来が見えてきましたが、私はもっと若い人たちに入ってきてほしいですね。そのためには、見ていて楽しく、スリルがあって、「自分もやってみたい」と若者が思ってくれるような魅力に富んだ芸にしていく必要があります。

亡くなった立川談志《たてかわだんし》（七代目　一九三六〜二〇一一）師匠がよく色紙などに「伝統を現代に」とお書きになっていましたが、私はまさにあの言葉が太神楽の理想のあり方だと思っています。だから、もしこの本をお読みになって、本気で「よし！　俺もやってみよう」「私もやってみたい！」という若い方がいれば、もちろん大歓迎ですよ。太神楽師はまだまだ人数が少ないし、最近流行《はや》りの言い方をすれば、将来的に大いに伸《の》び代《しろ》のある職業だと思っていますから。ただし、修業して一人前になれるかどうかはすべて本人の努力次第で、誰にも保証はできませんけどね。

日本の芸能の中でもとりわけ古い伝統をもつ太神楽を骨董品扱いせずに、現役のエンターテインメントとして次の世代へと伝えていく。これこそが務めだと思っていますから、私も気を引き締めて頑張らなくちゃいけません。

うちの協会の規定で、会長は二年に一度選挙で決まります。だから私が「もうやらないよ」と言えば、それで勇退が決まりますし、いろいろと雑用が多いので、できれば誰かに譲りたいんですが、それをやると、一気に三十歳も若い会長が誕生しちゃうんですよ。間《あいだ》が全然いないんです。そうなった場合、さすがに会がまとまらなくなる恐れがあるので、当分楽はできそうにないですね。

十三代目家元を継いだ兄弟子が「鏡味小仙」という名前を返上したあとで、師匠のおかみさんの久江さんから小仙という名跡と江戸太神楽十四代目家元の地位を私に預けるという一札をもらいました。でも、私ももうこの年ですからねえ、私自身が師匠の名前を継ぐ気はないし、家元を名乗りたいとも思いません。しかし、我々の先輩たちが苦労して築き上げてきた伝統ですから、将来的には誰か力のある人にきちんとした形で引き継いでもらいたいと願っています。

まあ、七十歳を過ぎれば、普通ならもう定年ということになりますが、我々は芸ができる限り現役でいられます。毎日お客様の前へ出ていきますから、それだけでかなりボケ防止になってると思いますよ。

ただ、私も最近はだんだんあやしくなってきていて、弟子に「お前、名前は何だっけ？」なんてきく時がありますけど、太神楽は考えなければできない芸ですからねえ、ボケてなんかいられません。

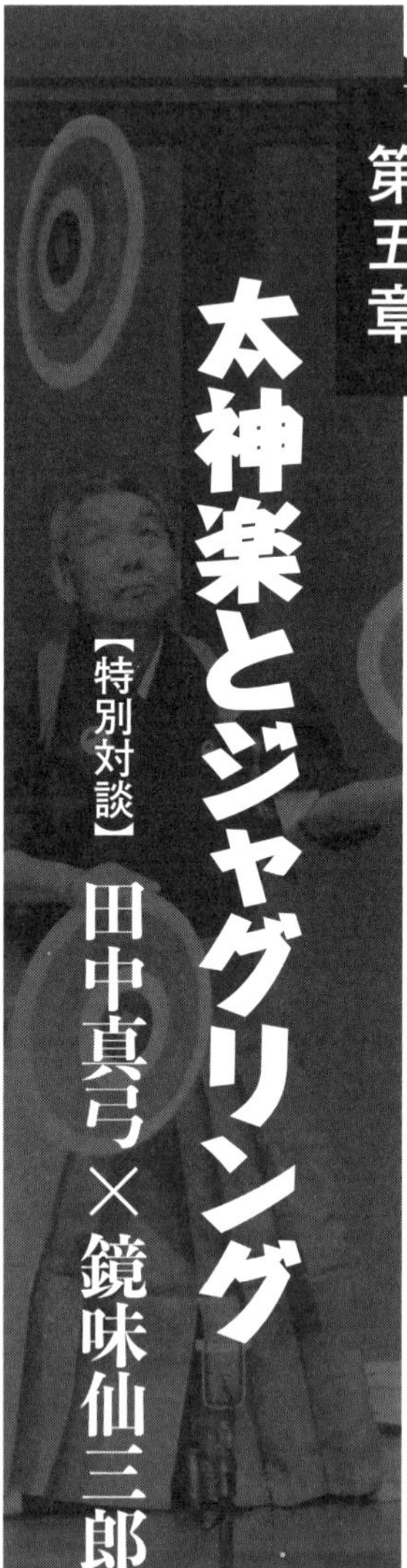

第五章 太神楽とジャグリング

【特別対談】田中真弓×鏡味仙三郎

ジャグリングを始めるきっかけ

仙三郎　田中さんは声優としてのご活躍が目立ちますが、女優としての活動も続けていらっしゃるそうですね。

田　中　はい。舞台が多いんですけど、声優としての仕事が定期的にあるので、ロングラン公演とか地方巡業などは無理なんです。それで、キャパがせいぜい百人くらいの小劇場ばかり、年間に七本くらい出演しています。

仙三郎　ご趣味がジャグリングだと伺いましたが、始められたのはいつ頃ですか？

田　中　「サクラ大戦」の初期だから、もう二十何年か前ですね。最初はゲームですが、それがテレビアニメや映画になり、声優が出演する歌謡ショーにもなりました。その舞台の時、休憩時間にもお客様に楽しんでいただきたいと思って、ショータイムを入れることにしたんです。そして、何をやろうかと探している間にたまたまジャグリングの道具を見つけました。ボールを使って、ごく簡単なことしかできませんでしたが、お客さんには「おおっ」とか言ってもらえて。それがきっかけですね。

仙三郎　この間、テレビでご一緒した時、撥三本をお取りになるのを見て、お上手なので、びっくりしちゃいました。ボールなどとは違って、撥は回転しますから難しいんですよ。最初から三本取れる人なんていませんから、すごいなあと思って。

田中　いえいえ、そんな。私は現在青二《あおに》プロダクションという事務所に所属していますけど、自分が好きなので、そこにも

技の共通点の話題で盛り上がる

ジャグリング部を作ったんです。でも、集まりは年に一、二回だし、みんなその時だけしかやらないから、グッズばかり増えて、なかなか上達しません。専門の先生をお呼びしたりもするんですけどね。

仙三郎　ほう、ジャグリング部。メンバーは何人いらっしゃるんですか。

田　中　登録しているのは二、三十人いますけど、幽霊部員が多くて、集まりに来るのはせいぜい十人くらいですね。

仙三郎　では、実際にジャグリングの技をどこかで披露されることは？

田　中　下手なので、人前ではできないんですけど、青二の新年会ではやってます。野球部とかもあるんですが、その場では対戦成績を報告するだけでしょう。余興を兼ねて発表できるのはダンス部とジャグリング部くらい。でも、ダンス部はゲストの先生を呼んできたり、ジャズ奏者の方と共演したりして、毎回進歩が見えるんですけど、ジャグリング部は「いつも変わらないね」なんて言われちゃって（笑）。何だか恥ずかしいです。

太神楽とジャグリング

仙三郎　今回は田中さんの方からＮＨＫにリクエストがあってご縁ができたわけですけ

ど、太神楽には以前から興味をおもちでしたか?

田中 もちろんテレビなどでは傘の曲芸とかを見ていましたけど、自分で調べてみて、「あっ、獅子舞が始まりだったのか」なんて知ったのはつい最近です。太神楽の曲芸の中で、ジャグリングに通じる演目がいろいろあるじゃないですか。そういう点には特に興味が湧きますね。

仙三郎 明治以降、東西の交流が盛んになりましたから。明治三十三年にパリで万国博覧会が開かれましたが、ちょうどその頃、江戸太神楽十代目家元である鏡味仙太郎《せんたろう》がヨーロッパに渡っていて、フランスやイギリスで活動しながら向こうのジャグリングの人たちをたくさん見たんですね。そして帰国後に、それまで撥でやっていたことを応用して、ナイフの組取りを始めたらしいです。だから、共通点は大いにありますね。

仙太郎はヨーロッパだけでなく、中国からインド、オーストラリアにまで行き、太神楽の存在を世界に知らしめた功労者でして、その影響でジャグリングに取り入れられた日本伝統の技がいくつもあるそうです。ちなみに、この人の息子が十一代目家元になった初代の小仙親方で、私から見ると、大師匠《おおししょう》、つまり師匠の師匠にあたります。

田中 なるほど。そうでしたか。ただ、太神楽の演目の中でジャグリングにまったく似たものがないのが籠毬ですね。だから、「あれは何なんだろう」と思いました。

仙三郎　この間、籠毬も体験されましたが、実際にやってみて、どうお感じになりました？

田　中　とにかく、重さにびっくりしました。軽々と操っていらっしゃるのを見て、もっと軽いものだとばかり思っていましたから。持ったとたんに振られる感じがして。

仙三郎　あれは重さが一キロくらいありますからね。だから、我々でも途中で疲れてしまって、左右の手を持ち替えないとできないんですよ。

ご子息はプロのパフォーマー

仙三郎　息子さんがプロのジャグラーだと伺いましたが、やはりお母様の影響ですか？

田　中　ジャグラーというか、大道芸をするパフォーマーですね。息子は「こ〜すけ」という芸名で、EntertainerHi2（エンターティナーヒッツ）さんと二人でidio2（イディオッツ）というユニットを組み、活動しています。そもそも、私はジャグリングの道具を眺めて楽しむタイプなもので、ある時、東急《とうきゅう》ハンズでデビルスティック（両手に持ったスティックで、もう一本を浮かせたり、回したり、飛ばしたりする演目に使用する道具）を買ってきて、そのまま置いておいたんですよ。そうしたら、いつの間にか息子が袋を開けて、私が気づいた時には相当できるようになってました。

仙三郎　へえ、それはすごい！　息子さんがおいくつ頃の話です？

田　中　中学の一年生くらいですね。あと、息子は左利きなので、器用なところがあったんです。世の中の物は何でも右利き用にできていますから、左利きの人は右を訓練する機会がたくさんありますけど、右利きの場合は左を訓練する機会がないんですよね。

仙三郎　確かに、左利きの方が曲芸には有利だと思います。私は右利きですけど、同じことでも左手でやるとなると、覚えるまでに倍くらい時間がかかりましたから。うちの師匠も左利きでしたが、すごいと思ったのは、片方の手で字を書いて、もう片方で絵を描いて……それが同時にできるという特技があったんです。

息子さんがプロのジャグラーになりたいと言い出したのはいつ頃ですか？

田　中　高校の時ですけど、彼にしてみると消去法だったのかもしれません。勉強が好きじゃないから大学へは行きたくないし、就職もしたくない。だ

んだんと追いつめられていって……私は自分が好きなことをやっていますし、勉強がすべてだとは全然思わないから、「じゃあ、アメリカでもヨーロッパでも、大道芸の本場に行ってくれば？」と言ったんです。そうしたら、息子が「そんな勇気はない」って（笑）

仙三郎　あははは。そうだったんですか。

田　中　結局、大学へは進学したんですけど、在学中にストリートパフォーマンスを始めました。ただ、最初、こっそり見にいった時にはため息ついちゃいましたけどね。人も集められないし。

仙三郎　ははあ。でも、偉いですよ。そこまでなさるなんて。

田　中　だから、しばらくは行くのが恐怖でした。でも、今見に行くと、人を集めるのも上手になって。慣れたんだなと思いますね。

声優の世界と寄席の交流について

仙三郎　息子さんのコンビの動画を拝見しましたけど、とても鮮やかなお手並みでした。我々が毬でやる衣紋流しを帽子でなさっていましたね。

田　中　やはり共通する点は多いと思います。太神楽でも額に傘を立てたりしますけど、息子はあれを道路標識のカラーコーンでやるんです。大道芸ですから、遠くからでも目立って、見た目のおもしろいものを追求したんでしょうね。

仙三郎　息子さんは太神楽に興味をおもちになったりはしなかったんですか？

田　中　興味はありましたよ。だから、ボンボンブラザースさんのところに行きたいという感じにはなっていたんです。

仙三郎　えっ？　それは弟子入りという意味ですか。

田　中　はい。高校生の時、私の友達の一龍斎貞友《いちりゅうさいていゆう》ちゃんの関係で寄席の楽屋に出入りするようになって、ボンボンさんを紹介していただいたんです。貞友さんはもともと声優で、「忍《にん》たま乱太郎《らんたろう》」のしんべヱ役とか「クレヨンしんちゃん」のマサオ役とかで活躍されていましたが、講談師としても真打ちに昇進しています。ただ、話を聞いた息子は「俺は協調性がないから無理」なんて言って、それで、結局弟子入りはしませんでしたけどね。

仙三郎　そんなことがあったんですか。いや、それは残念。うちの協会として、貴重な人材を失いましたねえ。ところで、息子さんとジャグリングで共演されたりはしないんですか？

田　中　息子の方が嫌がるんですよ。私の還暦の会の時に頼んで出てもらって、一緒にやったんですけど、「もう嫌だ」なんて言われちゃって（笑）

仙三郎　えっ？　それはまたどうしてですか。

田　中　「おかんは有効な間《ま》をつぶしちゃう」なんて言ってました。結局、向こうは喋らない芸ですけど、私は喋るのが仕事じゃないですか。だから、「無音でいいところなのに、全部説明しちゃうから、お客さんが笑えない」って。

仙三郎　それはずいぶん手厳しいですねえ。でも、うちの社中はずっと口上を言いながら高座を務めていますから、田中さんにぴったりですよ。今度、機会があったら一緒に寄席にご出演されませんか？

田　中　いえいえ、とんでもない。おそれ多いです。太神楽の稽古はぜひ続けたいですけど。

仙三郎　いきなり寄席で重荷にお感じなら、何かのイベントとかは？

田　中　お役に立てるのならば、喜んで伺います。

仙三郎　今回お世話になりましたから、私もおたくのジャグリング部の講師として、一度お伺いしますよ。

田　中　えっ、本当ですか？　みんな驚いちゃう。ぜひよろしくお願いします！

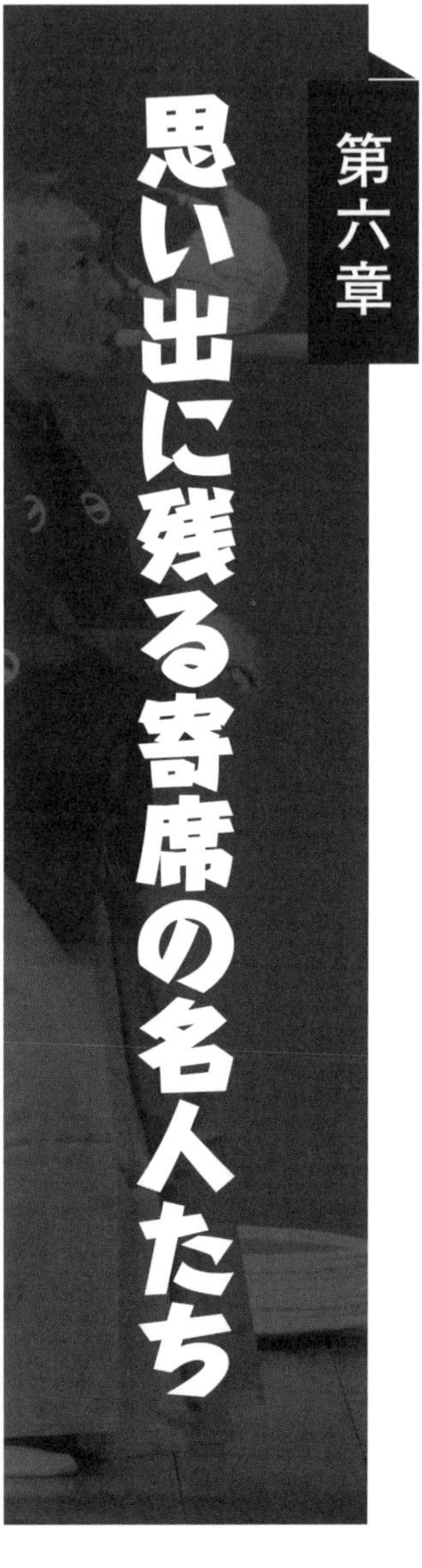

第六章 思い出に残る寄席の名人たち

旺盛なサービス精神――初代林家三平師匠

私が通っていた小学校が先代の林家三平師匠と同じだったという話は前にもしましたけど、なぜかご縁がありましてね、池袋演芸場の初高座を務めた興行に三平師匠も出番があったんですよ。我々の方ではよく符牒で「芝居」と言いますけど、同じ芝居に出てたんですね。

昭和三十二年当時、師匠はまだ二つ目で、ラジオやテレビの番組の司会なんかもしていましたが、すごく有名というほどではありませんでした。

三平師匠のお住まいは台東区根岸、私が内弟子修業をしていた小仙親方の家は上野桜木町の高台《たかだい》です。どちらも落語に出てくる地名で、師匠が「茶の湯」で、私の方が「ざるや」。

です。
最寄り駅は同じ鶯谷《うぐいすだに》ですから、終演後、「お兄ちゃん、一緒に帰ろう」と誘ってくれたんです。

それで、連れ立って池袋から山手線に乗ったら、車内へ足を踏み入れたとたん、師匠が椅子に座っているお客さん一人ひとりに向かって「落語家の林家三平です。どうか寄席に来てください。おもしろいですよ！」と言いながら、車内を歩き始めたんです。私もあとについていきましたけど、堂々とやってるから、お客さんも変な顔はしません。中には「三平さん、頑張ってください」なんて人まで現れて……いやあ、実に見上げたサービス精神で、何てすごい人だろうと、子供心に思いましたね。

三平師匠はその翌年に真打ちに昇進して、爆発的なブームを巻き起こしました。やっぱり売れる人は普段の心がけから違うんだなあと、あとで振り返って、しみじみそう思いましたよ。お弟子さんから聞いた話では、大変に勉強熱心で何紙も新聞を取り、毎日隅から隅まで目を通していたそうです。そういう部分を他人の前では見せない人でしたけど。

ただねえ、三平師匠も脳溢血で倒れて、カムバックされたあとの高座は、見ていてつらかったです。たぶん誤解されている方がいらっしゃると思いますが、「三平はマンネリだ」とか言われて、あまりテレビに出なくなったあとも、寄席では名前の書かれためくりが「三平」に変わった瞬間に場内がどよめいて、どこでも大ウケだったんです。だから、三平師匠も寄席の高座には絶対の自信をおもちだったはずですが、体を悪くされたあとは、前のようなリズム感がないから、お客様の笑いも半減してしまう。つまり「ドカン！」とウケて下りたいんだけど、そのきっかけがつかめない。不完全燃焼のまま苦しんでいらっしゃる姿をそばで見てました。やはり一度演芸の世界で天下を取った方というのは、自分が人気絶頂の時のイメージに囚われるんでしょうね。私なんかにはわからない苦しみがあるんだと思います。

黒門町の師匠のおもいで——八代目桂文楽《ぶんらく》師匠

上野に落語協会の事務所がありましてね、二階の広間で毎週土日に黒門亭《くろもんてい》という寄席をやっています。木戸銭が千円で、一部、二部と、毎回四人ずつの協会員が芸を披露するんですが、私も出演させてもらったことがあります。

あそこだけは私一人で出るんですが、第一回の時、トリが柳家小満《こま》ん（三代目　一九四二〜）師匠で、私がその前の出番だったんです。会場が黒門亭だから、曲芸の前に先代の桂文楽（八代目　一八九二〜一九七一）師匠の話をしました。今の協会事務所のはす向かいに、生前はお住まいでしたからね。

噺家さんも大看板《おおかんばん》、つまり大御所になると、地名で呼ばれるようになるんですよ。八代目桂文楽師匠が「黒門町」、六代目三遊亭圓生《えんしょう》（一九〇〇〜一九七九）師匠が「柏木《かしわぎ》」、八代目林家正蔵師匠が「稲荷町《いなりちょう》」、五代目柳家小さん師匠が「目白《めじろ》」なんてふうにね。
それで、その時に「黒門町の思い出話をします」と前置きして喋った中身ですけど……昭和三十二年の八月に群馬県の草津《くさつ》温泉で温泉祭りという行事がありまして、文楽師匠から口がかかって、小仙親方とおかみさんと私の三人で出かけました。

有名な湯畑というのがあって、噴き出した温泉で、もうもうと湯気が上がっている。そばに屋台が組んであって、そこの舞台で仕事をしました。もちろん文楽師匠も一席おやりになって、私は袖で聞いたんですけど、枝豆を食べる仕種《しぐさ》が何ともおいしそうでねえ、今でもはっきり覚えています。あとで「馬のす」という落語だということがわかりました。

そして、終演後に山本館《やまもとかん》という旅館で打ち上げがあったんです。みんな温泉に入って、リラックスした宴席でした。その時に文楽師匠が私を手招きして、「坊や、おいで」とおっしゃった。こっちはまだ子供で、相手がどんなに偉い人か知らないから、のこのこ行って、あぐらをかいている師匠の膝の上に乗っちゃいましたよ。

それを見た小仙親方が驚いて、「だめだ、だめだ！」と止めたんですけど、文楽師匠は「い

いんだよ」とおっしゃって。でも、その時、私は小学校の五年生で、結構体も大きかったですからね、しばらく経ったら、さすがにきつくなったみたいで、師匠が一言。「仙三郎、いいいい、おもいで」。

黒門亭でこの話をしたら、あそこは四十人が定員ですけど、小さなビルが揺れるくらいウケちゃいました。それで味をしめて、そのあとも何度か出演させてもらっています。

まあ、色物の芸人で先代の文楽師匠のヒザを務めた者はたくさんおりますが、本当に師匠の膝に乗ったのは私だけだろうと、いつも自慢させてもらっています。

「太神楽師にしとくには惜しい」——八代目林家正蔵師匠

晩年に彦六を名乗った先代の正蔵師匠のおかみさんである岡本《おかもと》マキさんから見て、小仙親方は親戚筋にあたりましてね、そんなご縁もあって、師匠からは一門同様にかわいがっていただきました。

あの師匠の十八番といえば怪談噺や芝居噺ですが、どちらも道具が多いんですよ。私も仙之助も免許をもってましたから、関東近辺ならばほとんど私たちが運転して出かけたし、もっと遠くへもよくご一緒させていただきました。

もちろんヒザで太神楽をやれば彩《いろど》りになりますから、そういう意味でも都合がよかったんでしょうね。

昭和四十五、六年頃だと思いますが、芝居噺で全国を回る中で九州公演にお供することになりました。羽田《はねだ》から福岡《ふくおか》へ飛行機で行ったんですけど、着陸したら、師匠が時計を見て「機長は偉いね。時間通りだね」とおっしゃった。その時、私は「ええ。几帳面《きちょうめん》な方です」と返したんです。そうしたら、正蔵師匠が私の顔をじっと見て、にこっと笑い、「お前は太神楽師にしとくには惜しいね」。

噺家さんの間のルールとして、ダジャレを言っていいのはそれなりの立場の人だけで、目下の者は目上に対して絶対に口にしちゃいけないんですが、私は色物の芸人なので、平気でそんなことばかり言っていました。

それで福岡に着いたら、街中《まちなか》に自動販売機があって、師匠が買い物をしたら、「ありがとうございました」と機械にお礼を言われたんです。そういう機種が出始めた頃だったと思います。正蔵師匠は律義な方だから、自販機に向かって「どういたしまして」ってお辞儀をなさいました。中に人でも入ってると思ったんですかねえ。

車で移動する時、並んで座っていたりする

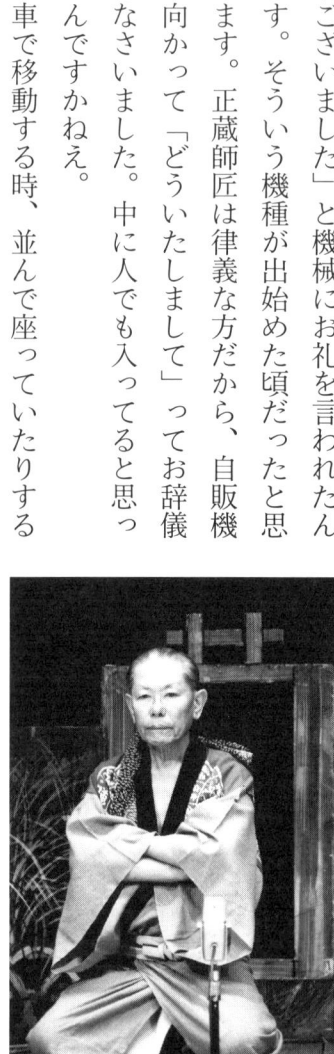

と、ずっと黙っているのも変だから、適当に何か話しかけるわけですよ。たまたま信号で停まった時に脇に寿司屋があったから、「師匠、お寿司屋さんて、つぶれたりしないですよね」と言ったら、正蔵師匠が「あたり前《めえ》だよ。握り屋だから」。「ニギリヤ」って、今はあまり使わなくなりましたけど、ケチという意味ですね。孫弟子にあたる春風亭勢朝《しゅんぷうていせいちょう》（一九六二〜）師匠なんか、今でも小噺でこれをやってますけど、もとは私が教えた実話だったんです。

噺の方はもちろん名人でしたけど、私が強く印象に残っているのは茶番で高座に立っていた姿です。ご自分の会などで、最後になると、「おい、圓太郎《えんたろう》、茶番をやるぞ」と言って、先代の橘家《たちばなや》圓太郎（七代目　一九〇二〜一九七七）師匠と二人で楽しそうに忠臣蔵五段目のパロディなんかを演じていらっしゃいました。芝居噺にしてもそうですが、寄席の古い芸をとても大切にしていた師匠でしたね。

「盛夫、こっちへ来い」——五代目柳家小さん師匠

前にお話しした通り、小仙親方は普段私のことを本名で呼んでいましたが、たまたま名前が先代の小さん師匠と同じだったので、師匠が「はい」と返事をしてしまったことがありました。きっとその時に、私の名前を覚えてくださったんでしょうね。

小仙親方は昭和五十六年十二月に亡くなりましたが、それから半月後、鈴本演芸場の楽屋で小さん師匠から声をかけていただきました。その時、相棒はまだ来ていなくて、そこにいたのは私一人です。

鈴本の楽屋は十畳と六畳の二間続きで、大きい方の部屋が噺家さん用、小さい方に私たち色物の芸人が控えています。十畳の部屋の中央に長方形のテーブルが置かれていますが、協会内の序列によって、どこに誰が座るかも全部決まっています。小さん師匠は当時会長ですから、窓際の真ん中の席でした。

そこから、六畳間の隅にいた私に向かって「おい、盛夫。こっちへ来い」と声がかかったんです。芸名以外で呼ばれたのはその時が初めてでしたから、一体何事だろうとびっくりしました。

それで、とにかく行って、テーブルを挟んだ向かいに正座すると、小さん師匠は私の顔をじっと見て、「いいか。丸一の親方は亡くなったけど、俺はお前たちのことを応援するからな。頑張れよ」とおっしゃいました。

私は「ありがとうございます」と言ってお

辞儀をしましたが、感激して涙が止まらず、なかなか頭を上げることができませんでした。

この世界の人間以外には伝わりにくいかもしれませんが、小さん師匠が私を本名で呼んだのは、つまり自分の身内同様の扱いをしてくれたということです。小仙親方という大きな後ろ盾を失って、心細い思いをしていた時でしたから、師匠の優しさが心に染みました。

落語家として初の人間国宝になったくらいですから、芸ももちろん立派で、お客様を心の底から楽しませる落語を演じる第一人者でしたが、多くのお弟子さんを育て上げられただけあって、懐が深く、本当に心の温かい師匠でした。

気配りの人――三代目古今亭志ん朝師匠

古今亭志ん朝師匠は本当にこまやかな気配りをされる師匠で、よく地方の会にも呼んでいただきましたが、終演後は必ず自腹で打ち上げをしてくれました。おかみさんが麻雀好きで、私も仙之助も嫌いじゃなかったから、よくメンツが足りないと、ご自宅へ呼ばれましたけど、そういう時でも、途中でお寿司屋さんに寄ってご馳走してくれて……何から何までそういう師匠でしたね。

昭和四十年代後半でしたけど、広島県の尾道《おのみち》で金原亭馬生・古今亭志ん朝二人会という会が夏にあって、私たち二人と当時二つ目だったむかし家今松《やいままつ》（七代目　一九四五〜）師匠が一緒に行きました。

二日連続の公演でしたが、どちらも夜だったので、昼間は暇なんですよ。すると、志ん朝師匠が「退屈だから泳ぎに行こう」とおっしゃって、私たちを連れていってくれました。

初めは砂浜で泳いでいたんですが、そのうちに、尾道水道を挟んで向島《むかいしま》という島があったので、「あそこまで泳いで行ってみよう」と志ん朝師匠から提案されました。私と仙之助はとても無理だからとお断りしたんですが、すると、師匠は「じゃあ、ボートでついて来なよ」と。

島影は目の前ですけど、泳ぐと結構な距離があったんですよ。でも、志ん朝師匠と今松さんは遠泳をものともせず、楽しそうに泳いでいました。当時、志ん朝師匠だって、まだ三十代ですものね。

この話を高座でしたこともあって、ちゃんとオチを考えたんですよ。「師匠の泳ぎはさすがにシンチョウでした」ってんですけどね。どうです？　悪くないでしょう。

志ん朝師匠のゴルフ好きは有名でしてね、年に四、五回、茨城県の大利根《おおとね》カントリークラブを会場にした大会まで主催していらっしゃいました。寄席は、どこも大の月の三十一日は通常の興行が休みで、余一会という特別興行になりますから、そこを狙って開くわけです。ご自宅の場所が新宿区矢来町《やらいちょう》だったので、仲間内では「矢来コンペ」なんて呼んでました。

私も大のゴルフ好きで、この年になってもわざわざ海外まで出かけて行くくらいですから、このコンペの常連で、五十回以上は出場しました。まあ、成績の方は大したことがなくて、最高で七位だったかな。クラブを顔に立てる競技なら誰にも負けませんけど、振るのはそんなにうまくない。というより、ハンデがシングルの人も多くて、結構レベルが高かったんですよ。志ん朝師匠はゴルフもお上手でしたし、会の運営についてもさすがに行き届いていました。やっぱり気配りの人ですね。

ただ、六十三歳でお亡くなりになったのは、いくら何でも若すぎましたよ。残念でした。芸に関しては完璧主義で、例えば私たちを家に呼んでおいて、一階で麻雀をしている最中に、自分は二階で稽古してましたから。やはり、どこかで無理をされたのかもしれませんねえ。

志ん朝師匠の落語はどれも好きでした。逆に言えば、嫌いな噺なんか一つもなかったです。あのリズム感が何とも言えなくて。だから、ご自分でも後輩とかお弟子さんに「太鼓をうまく叩けるようになれば、噺だって上達する」とおっしゃっていましたよ。

矢来コンペ

孤高の曲技師――東富士夫《あずまふじお》先生

寄席の曲芸は何も太神楽師の一手専売というわけじゃなくて、以前には我々とまったく別系統の芸人さんたちがいました。そんな中で、同じ落語協会の大先輩として忘れられないのが、東富士夫（一九一二〜一九九一）先生です。

静岡の方で、戦前に大阪の吉本興行《よしもと》で専属になったというんですから、芸歴は古いです。最近はあまり使わなくなった言葉ですが、「曲技」の修業をされた方ですね。

先生の高座を口で説明するのは難しいんですが、着物にたっつけ袴《ばかま》というのが舞台衣装で、まずは挨拶代わりに、先が細くなった竹の棒で帽子を回す。丸い帽子のつばの部分を外側から引っ掛ける感じで、クルクル回転させるんです。

それからスキーのストックを両手に持って皿を回し、それを続けながら両肘を床につけて逆立ちをし、水の入った一升瓶を頭に載せる……やっぱり、わかりにくいですよね。本当に富士夫先生の芸は独特でした。

しかも、それを一言も喋らないで、淡々と演じるんです。だから、お客様の中には本当に口が利けないんだと誤解されている方もいましたね。もちろん、楽屋では普通に話していましたけど。

そういう高座で、決して派手ではありませんでしたが、相当な荒技ばかりですから、拍手も大きかったたし、人気もありました。

私もずいぶんかわいがっていただきましたが、とても律義なお人柄でした。時間に余裕があると、あお向けになって木の樽を回す足芸を披露するんですが、その樽がかなり重いので、各芝居の最終日に前座さんが次に出演する寄席まで運ぶ習わしでした。先生はその都度、ちゃんと心付けを渡していましたよ。

平成三年に七十八歳で亡くなって、その二、三年前まで寄席に出演していたんですが、さすがに晩年はお年のせいで、失敗することが多くなりました。例えば逆立ちにしても、半分くらいできれば、それでちゃんと拍手は来るんだけど、ご本人が納得できなくて、何度でもチャレンジする。そんな姿を間近に見ています。それだけ、自分の芸にプライドをもっていたということでしょうね。

寄席の楽屋で、富士夫先生がちょうど席を外している時、先代の小さん師匠が帽子を回す棒を手に取って、何気なく見てたそうなんですよ。そうしたら、手が滑ったか何かで、先がポキッと折れちゃった。

びっくりした師匠は、前座で働いていた自分の弟子に「お前が折ったことにしろ」と言ったけど、断られてしまい、それで仕方なく、ちゃんと正座して、戻ってきた富士夫先生に謝ったそうです。断った前座さんというのは亡くなった柳家菊語楼《きくごろう》（二代目 一九四三～一九九九）師匠だと、一門の噺家さんから聞きました。

無邪気でいたずら好き――二代目林家正楽師匠

私は先代の正蔵師匠の身内みたいなものでしたから、仕事をもらうことが多くて、その際に先代の林家正楽（一九三五～一九九八）師匠とは、小正楽を名乗っている時分からよく一緒になりました。地方公演の時なんか、色物として紙切りと太神楽を両方入れてくださるんですよ。

あの方のおもしろいところは、そういう時、正蔵師匠がいなくなると、結構悪口を言い始めるんです。例えば主催者さんが食事の希望を尋ねると、正蔵師匠の答えはいつも決まって「カレーライス」で、高いものは注文しない。すると、「俺はほかのものを食いたいのに、師匠がああだと、頼みづらいよなあ」と愚痴をこぼすわけです。もちろんシャレで言うわけですけどね。でも、それが正蔵師匠の耳に入って、しくじったことがありましたよ。「しくじる」というのは「機嫌を損ねる」という意味の符牒です。

もともとは落語家志望で、正蔵師匠に弟子入りしたんですが、埼玉県春日部《かすかべ》の生まれで訛りがきついので、初代の正楽（一八九六～一九六六）師匠門下に移籍して、紙切りに転向したんです。

何とも言えない愛嬌があって、いい意味で芸人らしい、無邪気で、誰からも愛されるお人柄でした。昭和四十五年に閉場した人形町末広《にんぎょうちょうすえひろ》の楽屋にプロレスラーのマスクみたいなものを持ち込んできて、「これで前座を脅かしてやるんだ」と言ってはしゃいでたんですけど、いざ大声を出したら、入ってきたのが正蔵師匠で、「ばかやろう！」なんて怒られてましたよ。楽屋入りが早いので有名な師匠でしたからね。

ただ、二代目は本当に突然亡くなったでしょう。腸閉塞だと聞きましたけど、怖い病気なんですねえ。最初に大きな病院に行けば助かっていたかもしれないそうで、救急車で運ばれた時にはもう手遅れだったと聞きました。

ちょうどその日、落語会の打ち上げで、今の正楽さんと上野で飲んでたんですよ。別れて、家に帰ったとたん、倒れたという電話がかかってきたんだそうです。初代が始めた紙切りという芸を立派に継承して、評価も高ま

り、いよいよこれから円熟期という時でしたからねえ、惜しいことをしたなと思いますよ。

変幻自在の名人芸――三代目林家正楽師匠

芸人仲間で一番親しくつき合っているのは、三代目の林家正楽さんです。お互いに酒が好きだから、仙之助がいた頃にはよく三人で飲んでいました。相棒が亡くなってから、二人で出かけるようになったんです。気難しそうに見えるらしいですが、そんなことはなくて、特に酔うとすごく陽気になりますよ。

今まで名前を挙げたのは故人ばかりだから、正楽さんを一人だけここに入れると、本人が気を悪くするかもしれませんが、やっぱり抜くわけにはいかないですね。

前にもお話ししましたけど、仙之助に死なれた時には芸人をやめちまおうかと思うくらい落ち込みましたから、その時に「俺もいるんだから、何とか頑張ってよ」と励ましてもらったのは忘れられません。同じ色物で高座に上がってはいても、芸の種類が違うから、具体的にしてもらえることはないんだけど、「何かあったら俺に言って。できる限り力になるから」と言葉をかけてもらえただけで、本当に救われました。

毎日寄席に出ていれば、そりゃあ、時には嫌なこともありますよ。自分のかみさんはもちろん、あれだけ心を許し合った相棒の仙之助にだって言えないことがありました。そんな時、話を聞いてもらえる相手がいたのはとても幸せなことだと思っています。

芸については、二代目が温かみのある味わいをもつ紙切りだったのに対して、もっとシャープで繊細ですね。それに二代目はいくつかリクエストをもらって、その中から選んで切っていたわけで、まあ、それが普通だと思うんですけど、今の正楽さんは注文されれば何でも切っちゃう。「できません」とはまず言わないんです。

一番驚いたのは沖縄へ行った時、「キジムナー」というお題が出たんですよ。知らないでしょう？　向こうの伝説上の生き物というか、木の精霊みたいなものらしいんですけど、これはさすがの正楽さんも知らなかった。じゃあ、降参するかというと、そんなことはなくて、高座の上から「それ、どんなの？」とお客さんに尋ねながら自分の感性だけで切りあげて、拍手喝采をもらったんですから、すごいですよ。

ただ、その代わり、勉強熱心で、一緒に旅をしていても常に本や雑誌を眺めて、新しいものに対応しようとしています。努力を怠ると世間の動きについていけないんですから、紙切りというのは怖い芸だと思いますね。

第七章 太神楽の代表的な技芸

太神楽の演目は数が多い上に、例えば撥の曲芸でも「四十八手の取り分け」などと言われるように、手事と呼ばれる細かい技にも一つ一つ名前がついていますし、時代に合わせて常に新たなものが加わりますから、そのレパートリーは無限と言ってもいいくらいです。ただ、古くから代表的な演目を「太神楽十三番」と称しているので、まずはそれを簡単な説明とともに一覧にして、ご紹介いたします。

太神楽十三番

「曲撥《きょくばち》」　撥の曲取り。

「曲毬」　毬の曲取り。

「傘の曲」　和傘の上に毬や茶碗などを乗せて回す。

「長撥の曲」　普通の撥とさらに長い撥を取り分ける。

「羽子板相生《はごいたあいおい》の曲」　羽子板二枚と毬を取り分ける。

「花籠毬の曲」　柄のついた花籠を使って毬を操る。

「相生茶碗の曲」　茶碗二つと毬を取り分ける。

「五階茶碗の曲」　顎に立てた台の上に板や茶碗、化粧房などを積み上げる。

「水雲井の曲」　長い竿の先に茶碗を載せ、中の水を八方へ散らし、さらに紙吹雪を出す。

「末広一萬燈《すえひろいちまんとう》の立物」　長さ一丈二尺の竿に万燈《まんどう》を飾り、家内安全などを祈念する神事。

「天鈿女《あめのうずめ》の舞」　おかめの面をつけ、相手とからんで滑稽な振りを演じる。

「鹿島《かしま》の舞」　鹿島神宮の神主に扮した後見が事触れ（神託）になぞらえ、太夫を祈禱し、
　餅をつくまねをしてお祓いする。

「悪魔除《あくまよ》け獅子の舞」　現在では「寿獅子舞《ことぶきししまい》」と呼び、めでたく縁起を祝う。


以上ですが、この中には、現在江戸太神楽で演じられていないものも含まれています。これだけでは内容がご想像いただけないものもあるでしょうが、すべてをきちんと説明すると、それだけで一冊の本になってしまいますから、今回は普段寄席などでお客様にご覧に入れる機会の多い演目に限って、少し詳しくお話ししてみたいと思います。

寿獅子舞

前にもお話しした通り、獅子舞は太神楽師にとって本来の仕事ですから、最も奥が深く、難しい芸です。

曲芸などとは違い、人数が二人いて、獅子頭さえあれば、一応似たようなことは誰にでもできますから、簡単そうに見えるでしょうが、お正月などに我々が演じるのをご覧になって、「こんなに繊細な動きをするものだとは知らなかった」「お獅子が本当に生きているようで、すごく迫力があった」などとおっしゃってくださるお客様が多いです。

手前味噌になってしまいますが、できれば寄席へ足をお運びいただき、本物に

左から仙三郎、三代目和楽、仙之助、小楽、仙志郎

触れていただければ幸いです。

まずは能管《のうかん》と呼ばれる横笛の曲に合わせて、袴を着けた演者が二人立ちのお獅子の姿で登場し、ゆったりとした足取りで、舞台上に開き扇の形を描くように歩を進めます。最初のこの部分を「能がかり」と呼んでいるのはお能を模した優雅さと厳粛さで、お獅子が神様の使いであることをお客様に感じていただくという意味だと思います。

やがてお獅子が舞台中央に戻ってきて、トンと決まると、脇から「よいとなー」というかけ声。ここから太鼓、三味線、鉦《かね》が加わって、「下《さ》がり羽《は》」という賑やかな曲になり、鳴物に合わせて、また同じように動きます。

そして、もう一度決まったところで、神歌《かみうた》が入ります。「いざや神楽をまいらせる。皆白妙《みなしろたえ》のお幣《ぬさ》をもって悪鬼を祓う」という文句、

こういう場合には「詞章《ししょう》」と呼ぶそうですが、神主さんの祝詞《のりと》を思い浮かべていただくとわかりやすいでしょうね。

ここからが「幣《へい》の舞」「鈴の舞」で、前足役が一人立ちのお獅子になり、左手にご幣、右手に神楽鈴を持って舞います。私は師匠から「鈴を鳴らす時にはただ手を動かすのではなく、『人』という字を書くように振れ」と教わりました。そうした細かい所作の一つ一つに、深い意味が込められているのだと思います。

ここで、それまではいていた袴を脱ぎ、二人立ちに戻って、「狂い」を演じます。これは動物としての本来の動きを見ていただくものですから、最も難しいです。例えば、お獅子が顔を伏せ、耳も下へ向いていたのが、驚いた拍子にぱっと上を向き、耳を立てる……などというところは、前にもお話ししましたが、小楽さんが抜群に上手で、私なんか全然かないませ

ん。

やがて、曲が静かな「鎌倉《かまくら》」に変わり、ここからが「眠り」。お獅子は舞台に座り込んで、耳や足を動かしたり、あくびをしたりと、いろいろな仕種があって、やがてすっかり眠り込んでしまうと、そこにひょっとこが出てきて、耳に触ったりしてお獅子にからみます。

その後、再び立ち上がっての舞になり、「鹿の遠見《とおみ》だ」というかけ声とともに一つポーズを決めると、ここから鳴物が「金獅子《きんじし》」に変わります。これは歌舞伎の下座《げざ》音楽としても使われていて、太神楽から歌舞伎へ移行した唯一の曲とされていますね。

お獅子は舞台をぐるりと回り、中央に戻ると、口にくわえた垂れ幕が下がり、そこにその時々に合わせたメッセージが書かれていて、これでめでたくお開きということになります。

傘の曲

数多い演目の中で一番ポピュラーなものが傘の曲でして、太神楽という言葉をご存じない方でも、これを例に挙げると、ほとんどの方が「ああ」と言って、うなずかれます。

私たち社中の普段の高座でも「末広がりは傘の曲芸から」と口上を言って、最初に演じていますが、毬を回して「何事も丸く治まる」、金輪《かなわ》を回して「金回りがよくなる」、枡を回して「ますますご繁盛」などとおめでたい文句がたくさん詰まった縁起のよい芸です。そのおかげで、お正月はもちろん、結婚の披露宴をはじめ、いろいろなお祝いの席で演じて、お客様に喜んでいただいています。

ずっと以前は番傘を使ったそうですが、現在は化繊の目の粗い布を張った道具を傘屋さんに特注しています。ただ、毬はいいとして、枡とか茶碗を回すと、布が傷むんですよ。茶碗だと、糸尻《いとじり》に引っかかって切れてしまいます。やはり、道具ではいろいろと苦労をしますね。

傘の曲にもたくさんの手事がありまして、まずは開く前の傘を親指に立てて「親指試し」、同じく頭の天辺《てっぺん》に立てて「脳天試し」、ここで開き、額に立てて「阿弥陀様《あみださま》は後光《ごこう》試し」……これは仏像の光背《こうはい》になぞらえているわけです。このように、手事の名前には凝ったものが多いので、芸を見るだけでなく、口上にもご注目いただくと、より楽しめるのではないかと思います。

ここから毬の回し分けになって、縁のぎりぎり、落ちるか落ちないかというところで回す「小縁渡《こべりわた》り」、毬を何度も宙へ放っては受ける「義経《よしつね》は八艘跳《はっそうと》び」、傘の先端で天井に円を描くように回すと、毬が次第に中央へ寄ってくる「乱回し」。このあたりが見せ場でしょう。「八艘跳び」は壇《だん》ノ浦《うら》の戦いの時の故事が由来ですが、若い方はご存じないかもしれませんね。

続いて、金輪の回し分けでは、輪が「の」の字を描くように動かして「唐草《からくさ》はのの字の書き分け」、枡の回し分けではカチャカチャと音を立てながら高速で回転させて「淀《よど》の川瀬《かわせ》は水車《みずぐるま》」。

普段は時間がなくて、なかなか全部はできませんが、湯飲み茶碗も回します。この時だけはお囃子さんに休んでいただきますが、瀬戸物なので、傘の骨にあたって虫の音《ね》のように聞こえ、そこから「鈴虫の鳴き分け」などと口上を言うこともあります。

こうした呼び名はそれぞれが本当によくできていて、しみじみ感心してしまいます。誰が考えたのかは知りませんが、我々の先輩の中によほど頭のいい人がいたんでしょうね。

傘の曲は修業の第一歩として最初に教わる芸ですから、太神楽師なら誰でもやれますが、やはりうまい下手はあって、例えば金輪の回し分けでも、倒れるぎりぎりまで輪を寝かせた方がスピードが出ます。それが、私の師匠である小仙親方がやっていたようにきれいにできるのは、今いる若手の中では仙志郎が一番でしょうね。自分のせがれではありますが、そういう点はきちんと認めているつもりです。

五階茶碗

五階茶碗はいわゆる立てものの代表で、その修業の第一歩として習います。

初めに、我々の符牒で「台茶碗」と呼ぶ台になる部分を顎に立て、その上に板や茶碗、紅白の化粧房などを積み上げていきます。それから、もう一本撥をつけ足し、上下二段にして、ここからいろいろな手事をご披露します。

お客様の側から見ると、「あんなに大きくて重そうなものを、よく顎の先に立てられるなあ」と驚かれるらしいのですが、大きさや重さで難しさが増すわけではありません。意外かもしれませんが、五階茶碗で厄介なのは化粧房でして、あれは動きますから、その分だけ中心が取りづらくなるんです。戸外で演じる場合には強い風が吹く時だってありますしね。だから、そういう時にも何とか持ちこたえられるだけの技量を身につけなければいけないわけです。

手事について一通りご紹介しますと、まずは、親指の先に立てて「親指試し」。この時、

「日光《にっこう》は相輪塔《そうりんとう》の形」と口上を言うのは、日光山輪王寺《りんのうじ》というお寺にある供養塔《くようとう》をちょうど逆さにした形に見えるからです。

口にくわえた撥の先に止める「切っ先止め」、その撥と台茶碗の間に毬を挟む「中継ぎの毬」、この時の口上が「手が離れますと、十五夜は満月の形」。さらに毬をもう一個重ねるのが「相生比翼《ひよく》の毬」で、「団子屋の看板」と口上を言う時もあります。

ここで、くわえた撥と立てものの間に扇子の要《かなめ》を差し入れ、手拍子とともに抜き取る「抜き扇《おうぎ》」。これはとても難しい技で、人によってはこれだけで一年かかります。五階茶碗では一番の見せ場ですから、ここはお客様にもよくウケますね。

続いて、間にもう一本篠竹《しのだけ》を継ぎ足し、三段にしたものを額に載せて振る「纏振《まといぶ》り」。ここから、細い糸で全体を吊り上げる「糸の曲」に入り、これを上下に動かして「沖の大船《たいせん》は船揺《ふなゆ》すり」、さらに下へぐっと移動させて「小笠原流御前試《おがさわらりゅうごぜんだめ》し」という口上になります。「小笠原流」は行儀作法の家元ですから、人のお辞儀になぞらえているんでしょうね。

そして最後は、篠の根元に糸を巻き、上から下へ斜めに移動させる「糸渡り」、口上では「回し灯籠《どうろう》」。もちろん一門によって、手事の呼び名や口上が変わりますので、そのあたりの違いは実際の高座をご覧いただければ幸いです。

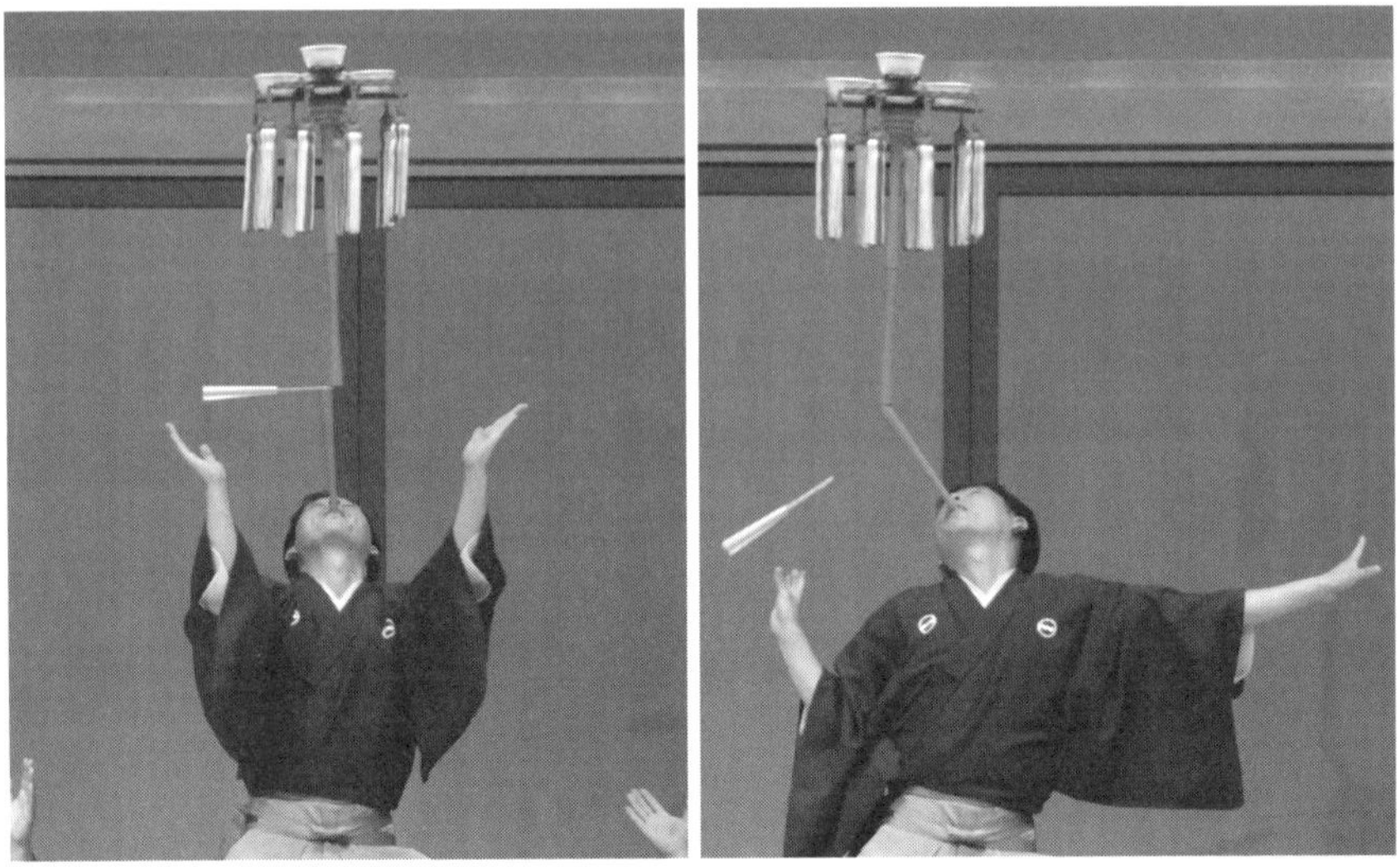

抜き扇

中継ぎの毬

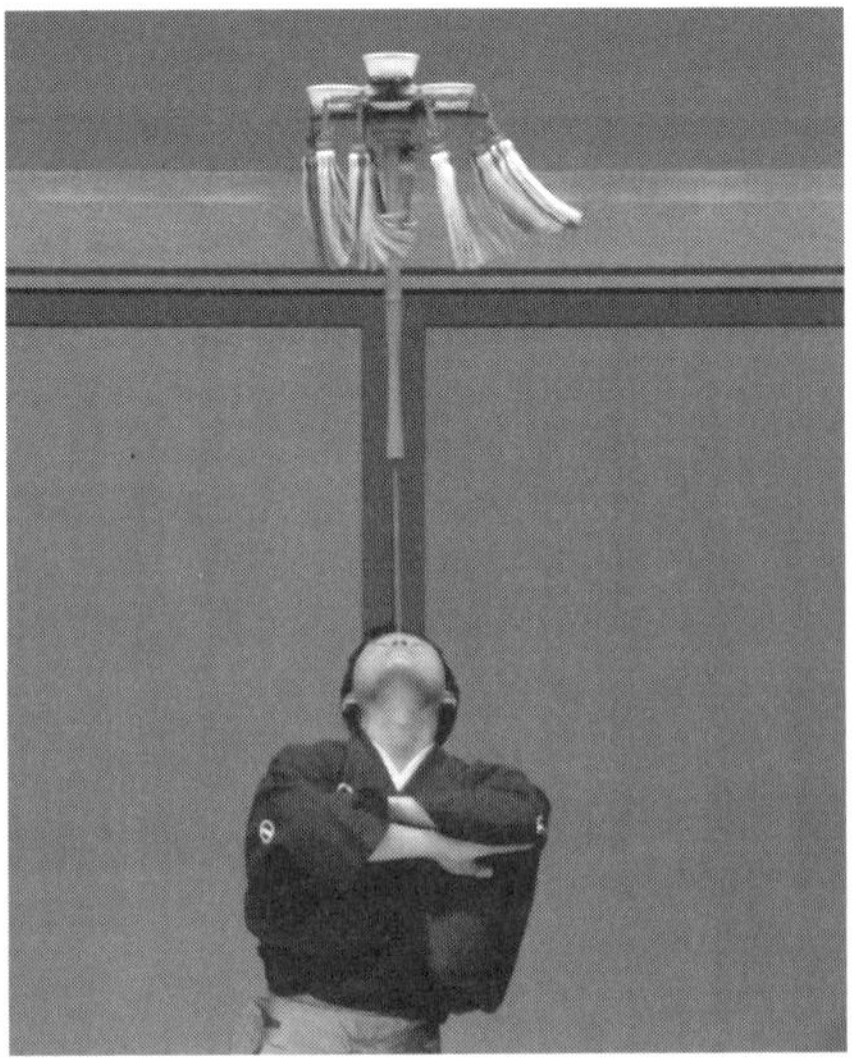

纏振り

一つ毬

一代記の中でもお話ししましたが、一つ毬というのは数ある太神楽の曲芸の中でも非常に難度の高い演目でして、私と仙之助は「だからこそ自分たちの売り物にしよう」と稽古に励みましたが、難しいために、だんだんと演じ手が減っているのも事実です。もちろん現在でも部分的にやっている者はおりますが、きちんと一通りこなせるとなると、若手では翁家和助君くらいでしょう。

傘などとは違い、使う毬は糸を巻いて自分たちで手作りします。少しでもひずみがあると高座で使えませんから、真ん丸に仕上げるのに最初は苦労します。重さが一キロくらいあるんですよ。

流れとしては、まず毬のみを操る技として、腕の上で転がす「二の腕返し」、額に載せた毬を左右の耳のところまで自在に通わす「小枕返《こまくらがえ》し」、左右の手の甲の間を転がす「衣紋流し」などがあります。「小枕返し」は一見簡単そうに見えますが、私はできるようになるまでに一年くらいかかりました。手事としては地味なので、高座でやっても大きな拍手はもらえませんが、だからといって、避けていたのでは修業になりませんから。これと「衣紋流し」が、一つ毬の技としては一番難しいでしょうね。

続いて、毬と撥二本のあしらいになって、額や肘などでサッカーでいうリフティングをしながら間を撥で払う「八方は突き分け」、撥を綾取りしながら撥の先に毬を載せる「腰掛けの毬」、撥と毬とが手品のようにくっついて見える「吉《よし》岡《おか》剣法《けんぽう》続飯《そくい》づけ」。最後の呼び名はずいぶん変わっていますが、吉岡家は足利《あしかが》将軍の剣術指南を務めた剣の名門だそうで、鍔《つば》競《ぜ》り合《あ》いをする際に二本の刀が続飯でつけたように離れないというのが命名の由来らしいです。「続飯」はご飯を練って作った昔の接着剤ですね。

　その次が、顎に立てた撥に毬を載せ、それを額に立てた撥の上へ

「衣紋流し」

場です。

手を使わずに移動させる「お染久松《そめひさまつ》通いの毬」。これは名前も艶っぽいですし、大きな見せ

そして、最後に毬と撥二本、さらにくわえ撥が加わって、口にくわえた撥の先を天井へ向け、そこに毬を載せる「天狗の鼻止め」、くわえた撥にもう一本別の撥を立て、天辺《てっぺん》に載せた毬を上の撥を叩いて下の撥へ落とす「鶯《うぐいす》は谷渡り」、くわえた撥に毬を載せたもう一本を立て、立てた方の撥を後ろへ放り、毬をくわえ撥の上に載せる「弘法《こうぼう》は投げ筆」など、いろいろな手事があります。

「弘法は投げ筆」という呼び名は、弘法大師様が応天門《おうてんもん》に掲げる額の「応」の字の上の点を書き忘れたのを、下から筆を投げて訂正したという『今昔《こんじゃく》物語』の逸話が由来になっています。背中越しに放った撥は相棒に取ってもらうのですが、かなりの距離を飛びますから、それを故事に見立てているわけですね。私も若い頃はこれを得意にしていました。

一つ毬にはこのほかにもまだいくつも手事があります。一通り覚えるのに三年かかるとよくいいますが、お客様を前にして高座で演じるためには、その後何年間も稽古を続けなければなりません。特に辛抱強さを必要とする演目ですが、やはり大切な伝統なので、ぜひ多くの若い人たちが引き継いでくれるよう期待したいですね。

「お染久松通いの毬」

「弘法は投げ筆」（後方へ放る前）

土瓶の曲

土瓶を使った曲芸は太神楽十三番に入っていないので、それほど歴史は古くなくて、明治以降にやるようになったのだと思います。一つ毬から派生した演目でしょうね。前にお話しした通り、くわえ撥の上に毬を載せる方が難しいのですが、やはり割れ物である土瓶の方がお客様にはよくウケます。

私も毎日、高座でこの芸をご披露しているので、よほど歯が丈夫だと思われているらしいのですが、実際のところは、下が総入れ歯です。歯では本当に苦労しましたが、三年前からお世話になっている歯科医の先生がとても親切で、細かく調整していただいたおかげで、すごくやりやすくなりました。

まあ、特製の道具を作って、奥歯も全部使ってくわえるようにすれば、それだけ楽になるわけで、実際にそうしていた先輩もいましたけれど、私は強情っ張りなものですから、形のよさにこだわって、今でも上下四本ずつの前歯だけで撥をくわえ、土瓶を操っています。

毬の曲芸のいわば応用なので、一つ一つの手事に名前がついてはいませんが、私が通常やっているのは「撥の上で前後に滑らす」「横にして前後に転がす」「手を使わずに蓋を取

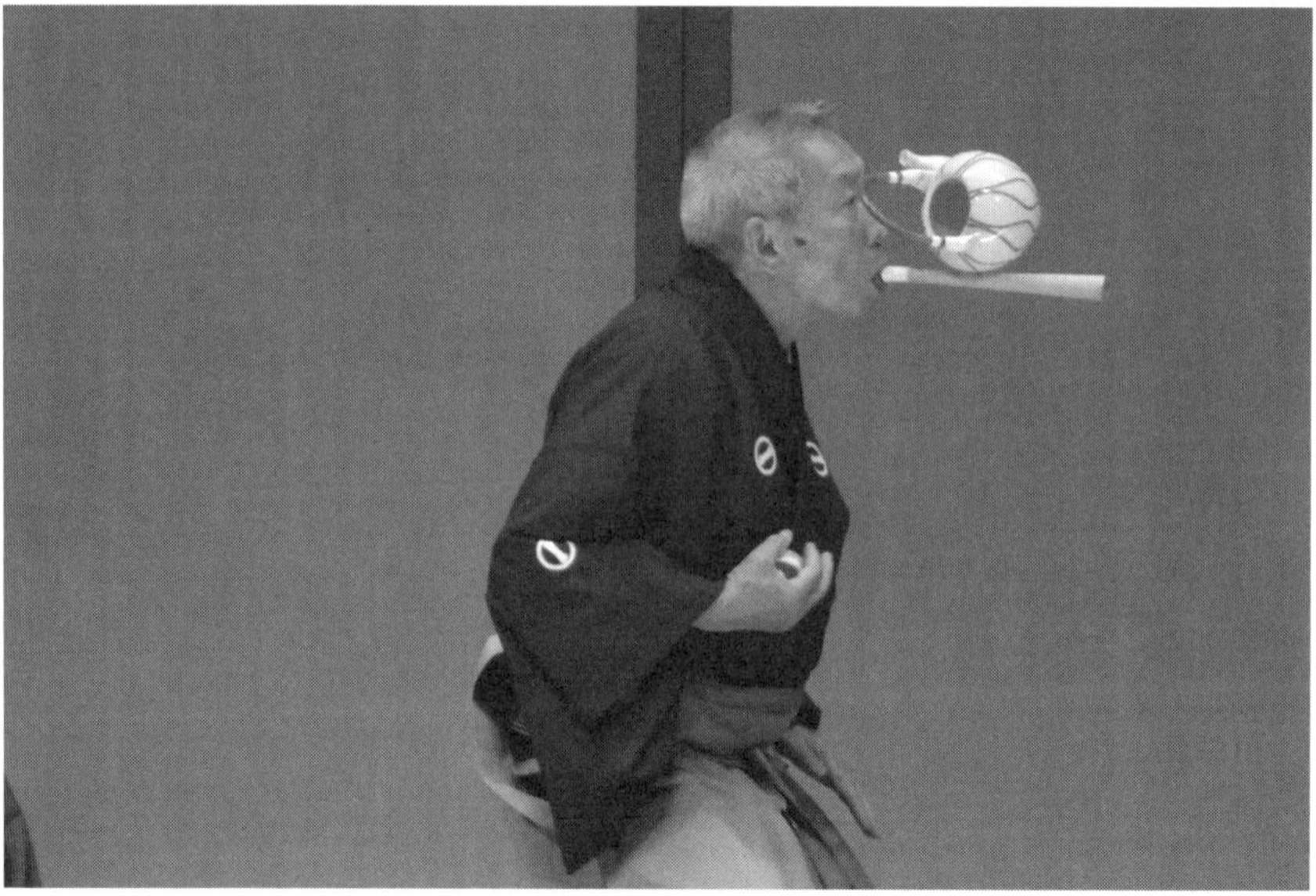

る」「撥の中央付近で勢いよく回転させる」「宙返り」「回転させながら宙へ放り、撥を土瓶の弦《つる》に掛ける」……こんなところでしょうか。

土瓶の曲はうちの師匠も得意にしていて、私が入門する前の年には、天皇陛下の御前でこの芸をご披露しています。

昭和二十八年に当時の皇太子殿下がエリザベス女王の戴冠式とその後の外遊から帰国されたあと、天皇ご一家と皇族方、旧宮家の皆様が出席して催された慰労会の席で、共演したのは落語の八代目桂文楽師匠と紙切りの初代林家正楽師匠でした。

その時、小仙親方が演じたのは籠毬と土瓶で、最前列に座られた天皇・皇后両陛下がにこやかな表情で土瓶の曲芸をご覧になっている写真が師匠の家に飾られていました。

長い歴史の中でも、天覧の栄に浴した太神楽師というのは数えるほどしかいないはずですから、よほど自慢だったのだと思います。

花籠毬の曲

これは古い歴史をもつ江戸太神楽独特の演目でして、私の師匠が御前公演の際にこれを選んだのもそれが大きな理由だと思います。

「どんつく」という別名の由来は前にお話ししましたが、歌舞伎にまで取り入れられたくらいですから、江戸の庶民の間でも大変に人気があって、「これを見ないと、太神楽の芸を見た気がしない」とまで言われていたそうです。

柄のついた籐編みの胴の上に毬受けをあしらい、糸を巻いて作った小さめの毬を操るわけですが、とても華やかで、江戸の粋が感じられる芸ですね。

古くからの演じ方としては、太夫が花籠を振っている脇で後見がいろいろなことを言い、その掛け合いの妙も味わいになっていました。例えば、小仙・小金の高座だと、途中から後見が言葉遊びを始め、

「赤子とムカゴがよく似てる、親父と草鞋《わらじ》がよく似てる、親方、馬方によく似てる」

「おいおい。何だい、それは」

「似たものを集めたんです」

「似たものを集めたって、親方と馬方《うまかた》を一緒にしちゃいけない」

そんなやり取りになりました。この場合、「親方」は太夫自身のことで、「馬方」は馬で客や荷物を運んだ職業、

落語の「三人旅」では「馬子《まご》」ですよね。ただし、現在のところ、このやり方をそのまま踏襲している者は、我々の仲間にはおりません。若手では翁家勝丸君の十八番ですが、もっとわかりやすい口上で演じていますね。

花籠毬の曲にもいろいろな手事があって、例えば、化粧房のついた輪のところに毬を引っかけて、「道成寺《どうじょうじ》は吊り毬」。これは歌舞伎にもなった安珍《あんちん》・清姫《きよひめ》の伝説に出てくる釣り鐘になぞらえた呼び名です。

また、花籠には高さの違う毬受けが三ついていますが、一階と二階に毬を一つずつ置き、同時に放って一段ずつ高いところへ載せ、「烏《からす》の側飛《そくと》び」などと言うこともあります。

最後に毬と茶碗のあしらいになって、毬受けの上に茶碗、さらにその上に毬を載せて「西《さい》行《ぎょう》法師は腰掛けの毬」などと口上を述べますが、これはいわゆる腰掛石に見立てているんでしょうね。

鍬の曲

鍬の刃に茶碗や毬を載せ、遠心力を利用してそのまま振り回す芸は古くからあって、うちの師匠は「くわっぺら」などと言っていました。何しろ平将門が主人公の大河ドラマで私が演じたくらいですから、太神楽の曲芸の中では、撥とともに、最も長い歴史をもっているのだと思います。

ただ、以前はそれほど難しい芸ではないと考えられていて、例えば曲芸を演じる太夫が少し休憩できるよう、後見がご愛嬌として演じたりしていましたが、それを現在のような形にしたのは私と仙之助です。

もともとは豊年満作祈願が由来とされていて、私たちが修業時代に習った鍬の曲は刃の上に木の椀を載せていましたから、もちろん落としても割れません。最初、それでやっていたら、今はもうありませんが、東宝《とうほう》演芸場の支配人さんに「茶碗よりもグラスの方がウケるよ」と言われたので、ガラスのコップに水を入れ、「どこかに飛ぶと大変だ」という点を強調してやるようになったんです。ガラスだと、滑るから難しいのですが、そこは稽古して、どうにかできるようになりました。

どちらかというと、寄席よりも、屋外

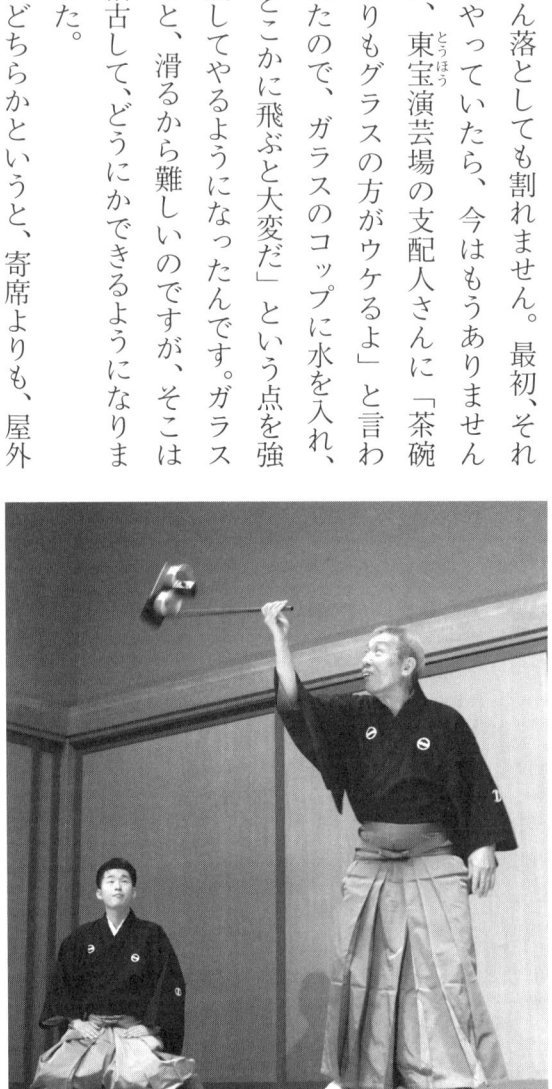

の大きな舞台の方が似合う芸でしょうね。

撥の曲

今回はめったにない機会を頂戴したわけですから、すべての技を網羅できないにしても、それぞれの演目の流れが一応わかるようにお話しさせていただきましたが、撥の曲だけはさすがに無理ですね。

何しろ「四十八手の取り分け」というくらい手事の数が多いですし、傘や五階茶碗とは違い、ほんの一瞬の芸ですから、言葉で説明するのには限界があります。したがいまして、どうしても断片的な説明になってしまいますが、お許し願いたいと思います。

前にもお話ししましたが、太

撥三本の綾取り

神楽の撥は松明をかたどっていて、一方の先端の赤い布を巻いた部分はお清めの炎を表していますす。ですから、そこに触らないよう常に持ち手側を握り、あとはひたすら取っては投げをくり返します。

一番の基本は三本の撥が回転しながら交差する「綾取り」ですが、行き合う二本の撥の上をもう一本が飛び越える「山越し」、三本のうち一本だけが二回転する「中抜き」、回転させないで綾取りする「ごぼう抜き」など、さまざまな手事があります。

「ごぼう抜き」は本当に地面からごぼうを抜くような形になるので、おもしろい見立てだなと思いますし、もっと変わった名前では「親孝行は肩打ちの撥」なんてのもあって、これは綾取りしながら、撥で自分の肩を叩くわけです。

そして、三本の次は四本。この場合、片手で二本ずつ扱って交差はさせないので、できるこ

撥四本の散らし取り

とが限定されますが、左右の手で交互に取る「散らし取り」と、同時に取る「即取り」の違いがあります。理屈の上では簡単ですが、四本扱うのにはやはり熟練が必要ですね。

うちの師匠の聞き書きを読むと、「自分は左利きで器用だったから、左右三本ずつまで取れるようになった」と書いてありますが、実際にやるのを見たことはありません。私自身も稽古して五本まで扱えるようになりましたが、これも高座ではやりませんでした。太神楽は神事から始まっていますから、本来失敗が許されない芸で、よほど自信がないと、お客様の前ではご披露できません。

撥の曲も傘同様、稽古の基本ですから、太神楽師でできない者はおりませんが、ただ、それぞれの技をきちんとやるのは難しいんです。例えば、今うちの社中の高座で弟子の仙成が最後にやっている「八方《はっぽう》は切り込み」という手事があって、撥を取った右手を頭の左脇へ回し、次に左手を頭の右脇へと、同じ動作をくり返しますが、あれは完全に手首を返し、撥で反対側の耳を切るような形にしなければいけないんです。もたもたしていると次の撥が落ちてきますから、よほど素早い動きをしないと間に合いません。仙成は完璧にマスターしていますから、お客様にもそのすごさが伝わり、ちゃんと拍手が来ますよ。

撥の曲は一人で演じるのが基本ですが、二人、三人での組取りもしますし、それも向かい合ったり、横や前後に並んだりと、さまざまなバリエーションがあります。前後に並ぶ場合には、前が中腰、後ろは立った状態で、交替して撥を取りますが、ユーモラスなので、

「八方は切り込み」

お客様にはよくウケますね。

また、この応用として、ナイフやリング、皿、花笠、時には火のついた本物の松明なども使います。

茶番

花籠毬の曲のところでもお話ししましたが、江戸太神楽では太夫と後見の掛け合いの楽しさも重要な要素でして、いわば、それを独立させたのが「茶番」とか「滑稽掛合」と呼ばれるものです。

昔はお祭りの屋台などに太神楽の一座が招かれ、朝から夕方までぶっ通しで芸を披露することがよくあって、そうなると、獅子舞や曲芸だけではとても時間がもちませんから、芝居のまねなどを取り入れる必要があったわ

忠臣蔵五段目山崎街道

けです。

だから、茶番のレパートリーは実に豊富で、「忠臣蔵」や「塩原太助《しおばらたすけ》」「曾我《そが》兄弟の仇討ち」などさまざまなものが題材になっています。昔は日本人ならば子供だって「忠臣蔵」の話の筋くらい知っていましたから、それに笑いの要素を加えれば誰にでも喜んでいただけましたが、その頃とは時代が違いますし、時間の制約も厳しくなったので、茶番を演じられる機会も減ってしまいました。

しかし、うちの協会の若手が今、積極的に茶番に取り組んでいて、それで寄席などにも出演しています。一番多くやっているのは「山崎《やまざき》街道」。歌舞伎の「仮名手本《かなでほん》忠臣蔵」五段目、山賊の斧定九郎《おのさだくろう》が与市兵衛《よいちべえ》を殺して五十両の金を奪うというおなじみの場面のパロディですが、扮装は元の設定そのままでも、内容はかなり自由に変えて演じています。それで、若いお客様にもちゃんとウケているようなので、これも一つの伝統として、頑張って続けてほしいですね。

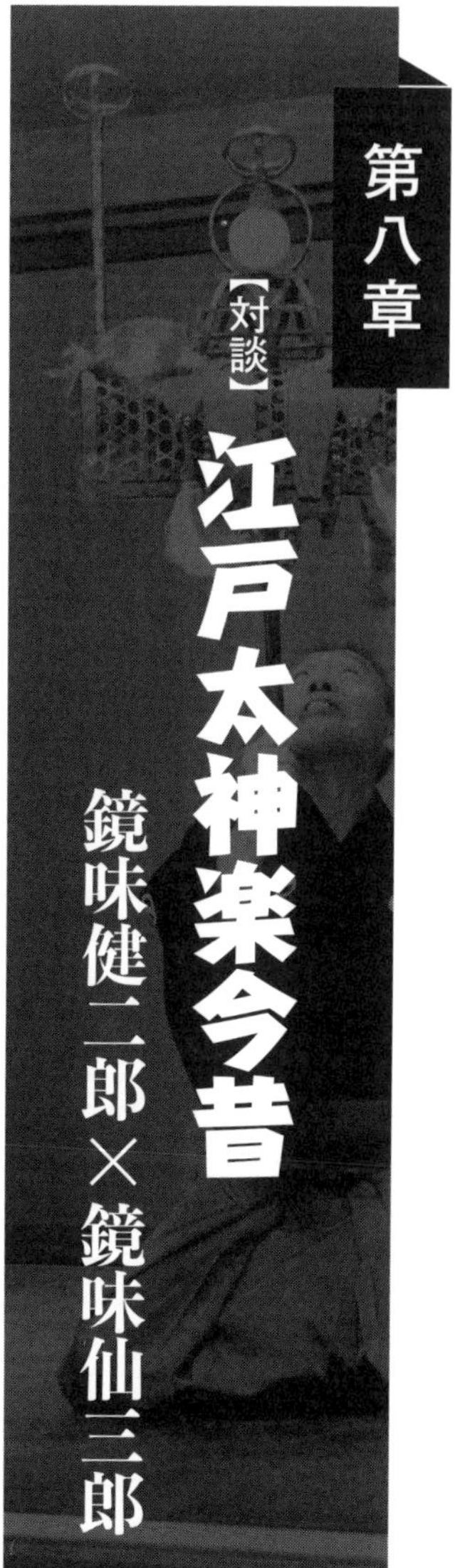

第八章

【対談】江戸太神楽今昔

鏡味健二郎×鏡味仙三郎

入門の動機と終戦後すぐの太神楽の世界

仙三郎　健二郎兄さんのお父様は、お婆さん落語で一世を風靡《ふうび》された先代の古今亭今輔師匠ですが、太神楽師になられたのは、やはりそのお父様の勧めがあったからですか。

健二郎　うん。うちは上に兄が一人いて、兄貴は普通の勤め人になったんだけど、結局、私は子供の時から体が弱かったんだね。それで、親父がとてもそんな仕事は無理だからというので、最初は噺家にしようと思ったらしい。

仙三郎　お兄さんは、私よりも八年先輩ですから、入門が昭和二十二年……。

健二郎　二十二年の十二月。当時は戦争が終わって、まだ間がなかったから、落語界もしっちゃかめっちゃかでね、売れてる人はいいけど、そうでないと、食うにも困るような状態だったんですよ。それで、親父は十返舎亀蔵《じっぺんしゃかめぞう》（一九〇二〜一九五三）さんと仲がよかったから、そっちの紹介でね。

仙三郎　亀蔵師匠というと、落語芸術協会の色物の大看板ですけれど、以前は太神楽師でしたよね。

健二郎　十代目家元の鏡味仙太郎門下で、十一代目家元の鏡味小仙親方の後見をしてたんですよ。戦後、奥さんを誘って、亀蔵・菊次《きくじ》で夫婦漫才を始めた。それで、うちの親父と会った時に私の話が出て、「だったら、噺家よりも曲芸師にすればいいだろう」ということになった。

仙三郎　ああ、なるほど。それで、鏡味時二郎親方のところに入門されたんですか。

健二郎　うちの師匠はそもそも水戸の出でね、日本橋に住んでいた仙太郎親方を頼って上京して、そこの出方《でかた》になった。まあ、助っ人だね。それで、十代目のところには何人も養女がいたんだけど、そのうちの一人を嫁にもらって独立したわけですよ。私が弟子入りした時には、浅草の神吉町《かみよしちょう》に住んでいた。

仙三郎　神吉町というと、先代の正蔵師匠がお住まいだった稲荷町のすぐ隣ですが、交通の便がいいから、当時はあのあたりには芸人さんがたくさんいて、芸能村みたいな感じでしたね。

健二郎　師匠が住んでいたのは初音荘《はつねそう》というアパートだったけど、やっぱり漫才さんとかが多くて、毎日そこへ黒門町の実家から稽古に通いました。当時、兄弟子は私より一つ年上の次郎さんだけで、そのあと、ボンボンブラザースの勇二郎と繁二郎が入ってきた。

仙三郎　私は時二郎親方の晩年しか存じ上げませんが、お兄さんの眼から見て、どういうお人柄でしたか。

健二郎　まあ、無口な人でしたよね。それでいて、いたずら好きでねえ。

仙三郎　ほう。いたずらが……例えば、どんな？

健二郎　人望があったから、いろんな芸人さんがよく遊びに来てたんですよ。それで、夫婦で別々にやってくる漫才さんがいたから、一方には「お前の亭主が陰で何してるか、知ってるのか」、も

江戸太神楽界の先輩と

う一方には「お前の女房が……」なんて冗談言って、危うく夫婦別れしかけたことがあった（笑）。

仙三郎　あははは。息子の次郎さんもいたずらが好きだったから、ちゃんと血を引いてるんですねえ。初めて高座に立った時のことは覚えていらっしゃいますか。

健二郎　入門の翌年で、場所はもう忘れちゃったけど、綾撥と五階茶碗を夢中になってやりましたよ。一応無事に務まったんだけど、その時、たまたま亀蔵さんが居合わせて、「おっかなくて、見てられねえ！」なんて言われちゃった。

仙三郎　ああ、江戸っ子が売り物の師匠だったから。でも、初高座だから、危なっかしくて、当然ですよ。このあたりでそろそろ、お兄さんが入門された当時の東京の太神楽の世界について伺いたいんですが……まず、私の師匠と時二郎親方は兄弟弟子だから、

ルーツは一緒。同じ白丸一の流れですよね。本当は、次郎さんが十二代目家元になるはずだったんでしょう。

健二郎　そう。お母さんが十一代目の義理の妹、いわば直系だものね。血筋の上ではそれが順当で、周りは継がせたがったんだけど、本人が嫌だと言った。まだ若かったせいもあるでしょうね。

仙三郎　それから、同じ鏡味でも、小鉄親方は赤丸一。そのほかに、となると……。

健二郎　あとは、翁家さんだね。元は水戸の大神楽師で、東京に出てきてから、二代目の和楽さんが「翁家」という家号を立てた。

仙三郎　この間亡くなった和楽さんのお父様ですね。

健二郎　最初は「宝家小楽」で、別に「和楽」を名乗る太神楽師がいたんだけど、その人が大阪へ行っちゃっ

てから、翁家和楽になった。そして、あとは、豊来家宝楽《ほうらいやほうらく》さん。

仙三郎　大阪で活躍されていたラッキー幸治《こうじ》（一九四〇〜二〇一七）さんの師匠ですね。今でも幸治さんのお弟子さんたちが関西で頑張ってますけど、豊来家さんも、たしか水戸の出でしたよね。

健二郎　やっぱり宝家さんの系統だね。そもそも先代の和楽さんと宝楽さんは兄弟弟子で、東京に来てから、それぞれ違う家号を名乗るようになったんだ。

キャンデーボーイズ結成

仙三郎　キャンデーボーイズを結成されたのはいつでしたたっけ？

健二郎　昭和二十六年。和楽さんの兄弟弟子の翁家和三郎さんが年期が明けて、芸能プロダクションの専属になり、独りでやってたんですよ。そこへ私と次郎さんが入ってきて、「同じ事務所に曲芸二組じゃあ、どっちが売れてもおもしろくねえから、三人でやろうか」って話になった。

仙三郎　なるほど。キャンデーボーイズという名前の由来は？

健二郎　それはね、獅子文六《ししぶんろく》さんの小説の中に出てくるんですよ。近頃の若者は服装《なり》ばっかりきらびやかで、中身は薄っぺら。そういう連中のことを、文六先生が「キャンデーボーイ」と呼んだんだね。ほら、当時のキャンデーは包装紙だけ立派で、中身はうまくも何ともなかったでしょう。

仙三郎　ああ。まだ戦後の混乱期で、材料が乏しかったから。

健二郎　それで、「俺たちも中身は空っぽだから、ちょうどいいだろう」というわけでね。

仙三郎　いえいえ。それはご謙遜ですけど。

健二郎　本来ならば、獅子文六先生のところへことわりに行かなくちゃならないんだけど、ダンマリでつけちゃった。そのあと、漫才の獅子てんや・瀬戸《せと》わんやさんが出てきて、あの人たちはご挨拶したらしいね。「てんやわんや」という小説のタイトルから、自分たちの芸名をつけたから。

仙三郎　キャンデーボーイズさんの場合、演じるのは伝統的な太神楽の演目が多かったですが、口上は一切なしでしたね。

健二郎　三人で洋服を着て寄席に出て、太神楽の口調で口上を言ってみても、周りは喋る商売の人ばっかりだからね。それで、ああいう形に変えたんですよ。キャンデーボーイズとしての初舞台は米軍の三沢《みさわ》キャンプだったんだけど、まだジャリ公なもんだから、傘で毬を回しても、よく落とすわけ。それを見て、兵隊が大喜びしてた。子供が失敗するのがうれしかったんだろうねえ。

仙三郎　とにかく、スマートさが売り物でしたよね。だから、最後の挨拶も、三人並んで指パッチンしてたでしょう。こう、顔の右側で。

健二郎 その頃、よく外国人が来て公演したけど、彼らは丁寧にお辞儀なんてしないんだね。だから、そのまねをして、「お辞儀が高い」って怒られたことがあったな（笑）。

仙三郎 結成から二年後、和三郎さんが抜けて、それ以降、メンバーには変遷がありましたが、芸風は変わりませんでした。

健二郎 私と次郎さんの色が強いから、誰が来ても染まっちゃうんだね。

仙三郎 お父様の今輔師匠はキャンデーボーイズの高座を見て、何かおっしゃっていましたか。

健二郎 そういうことはほとんどなかったけど、一度だけ、「お前たち、きれいだとほめられるけど、うまいとはほめられねえな」なんて言ってた。

仙三郎 それはもちろん、ちゃんと認めていらっしゃったからですよ。それで平成四年にメンバーが一人抜けて、次郎さんとキャンデーブラザースを結成し、平成十九年、その次郎さんが亡くなって、あとはお一人で高座を務められてきたわけですね。

先達たち、そして、今後

仙三郎 今回の本には、昭和五十三年に太神楽曲芸協会の公演が芸術祭で賞をもらった時の記念写真を載せていただきました。本当ならば、そこに写っている全員について触れたいところですが、そうもいかないので、今からさかのぼって近い順に何人か、亡くなった先輩や仲間を偲びたいと思います。

健二郎　近いというと、まずは和楽さんだね。あの人は私よりも二つ上で、一年先輩。

仙三郎　三代目翁家和楽さんは昭和二十一年にお父様の二代目和楽親方に入門して、二十九年に翁家トリオ結成、昭和五十七年からは弟の小楽さんとコンビを組んで高座に上がっていました。健二郎兄さんとも本当に長いおつき合いでしたよね。

健二郎　うちの師匠の家と和楽さんの家が近かったので、頻繁に行き来してたし、その頃、ちょうど協会で青年部というのを作ったんだ。それでいろいろ話をするようになって、親しくなった。とにかく、お父さんである二代目がやかましい人だったから、苦労したみたいだね。気に入らないと、相手が自分の息子でも何でも、すぐに手が出ちゃうし。

仙三郎　そうなんですか。私は「楽翁」という隠居名を名乗って、やさしくなった晩年しか知りませんから。獅子舞を教えていただきましたけど。

健二郎　和楽さんが若い頃、太神楽の道具だけ持って、家を飛び出しちゃったことがあったんだ。道具さえあれば、食いっぱぐれはないからね。

仙三郎　芸に関してですけど、和楽さんがまだ二十代の頃、一つ毬の小枕返しをやったんですよ。片方の耳のところからもう片方の耳へ。これが一回なら、誰でもできますが、まったくぶれないで三十回くらい連続で……見た時、背筋に震えが来ましたね。和楽さん以外に、あれだけできた人は誰もいないでしょう。それと、体が悪くなってからも、亡くなる数カ月前までナイフの組取りをやってましたよね。やっぱり、高座が生きがいだったんだと思います。

そして、その次はというと、平成二十四年に亡くなった柳家とし松《まつ》（一九四〇〜二〇一二）さんです。

健二郎　師匠でもあるお父さんが柳家小志《こし》ん（一九二〇〜一九九八）といって、これは噺家の方では大きな名前だけど、その人とコンビを組んでいたね。

仙三郎　令和元年九月に真打ちに昇進して、五代目小志んになった若手落語家がいますよ。もともと、とし松さんは太神楽と曲独楽《きょくごま》を両方やってましたけど、うちの協会に入る時、「ほかの人に迷惑をかけないよう、寄席では独楽をやる」と言って、それだけで高座を務めていました。「刃渡り」とか「切っ先止め」が十八番で、鮮やかなお手並みでした。

その次が平成二十二年に亡くなった叶家勝二さんです。彼は私よりも一つ年上ですけど、さっき話に出た豊来家宝楽親方の弟子で、元の名前が豊来家勝二。

健二郎　お父さんが叶家洋月《ようげつ》という漫才師だったから、「叶家」という家号をなくしたくないというんで、改名したんだ。

仙三郎　入門が昭和三十四年ですが、師匠の奥様である三浦奈美子《みうらなみこ》さんがアクロバットをなさっていたから、勝二さんは両方の修業をして……そのせいで、我々とはちょっと違う、異色の芸風でした。

健二郎　そうそう。逆立ちしながら、両手で皿を回したり、とかね。

仙三郎　平成十九年に亡くなった鏡味次郎さんについては、もうずいぶん話が出ましたけど、私の目から見ると、自分の芸に対してとても真面目で、自分に厳しい方だったと思います。

最後になりますが、鏡味小次郎さん。これは先ほど名前が出た鏡味小鉄親分の弟子でしたが、平成十二年にお亡くなりになったために、赤丸一の流れがそこでとぎれてしまいました。ちなみに、入門は昭和二十六年です。

健二郎　小次郎さんのお父さんは七代目の雷門助六《かみなりもんすけろく》（一八九八～一九六一）師匠で、その関係で太神楽師になったんだ。

仙三郎　太神楽の芸はもちろんちゃんとしていましたけど、喋りが本当にお上手でした。それで、歌謡ショーの司会などもずいぶんなさってましたね。そもそも師匠である小鉄親方が太神楽を現代風にアレンジして演じていたので、それを引き継いでいたように思います。

話のついでと言っては何ですが、小次郎さんの弟弟子が尾藤イサオさん……こちらはもちろん今もご健在です。小楽さんとちょうど同期で、当時の芸名が鉄太郎。しっかりした芸をおもちでしたが、小鉄親方と一緒に訪米した時、本場のミュージカルを見て、「俺はこれがやりたい」ということになったようです。

健二郎　それで、ロカビリーの方へ行っちゃったんだ。

仙三郎　こんな話をしてると、本当に時の流れは速いなあと思いますね。江戸太神楽の世界も、研修制度ができたおかげで人数が増え、ずいぶん賑やかになりましたけど、今の若手に対して、何かおっしゃりたいことはありますか。

健二郎　いや、別にないよ。よくやってるなあと思うもの。私はもう目も悪くなったし、足も悪くなって、自分の思うように芸ができなくなったから、それでやめちゃったんだけどね。

また新たに研修が始まる予定だそうだけど、太神楽ってのはやっちゃおもしろいんだよ。だって、他人《ひと》のできねえことをやるんだから。しかも、引力に逆らって（笑）。ただ、そのおもしろいところへ行くまでが大変だけどね。

仙三郎　私なんか毎日舞台に立ってますけど、終わってお客様から拍手をもらった時が一番うれしいですね。自分を評価していただいたわけですから。

まあ、健二郎兄さんも曲芸をやるのは難しいにしても、我々後輩にぜひ今後もいろいろとアドバイスをお願いしますよ。太神楽の色というか、本来の雰囲気をご存じなんですから。

健二郎　そう言われると、早速だけど、太神楽の口上の、あの口調ね。あれはなくしてもらいたくないなあ。

仙三郎　確かに、噺家さんの口調とは違って、一種独特ですものね。

健二郎　太夫と後見の掛け合いがちゃんとしてれば、たった一つの曲芸で一高座済んじゃうもの。だから、古いなんて言っててはだめなんだ。

仙三郎　何年か前、国立演芸場で、お兄さんに籠毬の後見を昔の形でやっていただきましたが、若い者には出せない味がありました。やっぱり場数を踏むことが大事なんだなと、あの時、しみじみ思いましたよ。今日は長い時間、本当にありがとうございました。

あとがき

私は太神楽をするために生を受けたのだと思っています。

母親とは早くに死に別れ、その後、祖父に育てられる中で太神楽と運命の出会いをしましたが、今では太神楽師になって本当によかったと思っています。

太神楽はさまざまな芸能が長い年月の間に折り重なって成立した総合芸術で、曲芸を最初の入口として、獅子舞、茶番、鳴物などさまざまな演目があり、十五年間修業してやっと一人前と言われるほど難しい芸です。日本の芸能の原点だと、私は思っています。

この世界に入って、さまざまな人との出会いと別れを体験しました。楽しい時、苦しい時、どんな時にも自分には太神楽がありました。

私の芸でお客様に喜んでいただける間は、高座に立ち続けます。

まだまだやりますよ！

結びに、この本をまとめるにあたり、お力添えいただきました作家の愛川晶様、元東京国立文化財研究所芸能部民俗芸能研究室長・中村茂子様、お忙しい中、対談におつき合いくださいました鏡味健二郎様、田中真弓様、そして、株式会社原書房の石毛力哉様に心より感謝申し上げます。本当にありがとうございました。

令和元年十一月

鏡味仙三郎

主要参考文献

『江戸太神楽』（十二代家元鏡味小仙著　宮尾與男編　江戸太神楽保存会）
「太神楽」（鏡味小仙　後藤澄夫筆記）『日本の芸談第七巻　雑芸』（九藝出版）所収
『大衆芸能資料集成第二巻　祝福芸Ⅱ　大神楽』（三隅治雄・中村茂子編　三一書房）
『日本大神楽事典』（柳貴家勝蔵　彩流社）
『獅子舞と曲芸の芸能史　道ゆく大神楽』（宮尾與男　演劇出版社）
『今を生きる日本の伝統芸能　江戸太神楽』（丸一仙翁　散太郎神楽出版）
『手妻のはなし　失われた日本の奇術』（藤山新太郎　新潮社）
『寄席の人たち　現在寄席人物列伝』（秋山真志　集英社）
『古今東西落語家事典』（諸芸懇話会・大阪芸能懇話会編　平凡社）

太神楽曲芸協会

役員及び会員（二〇一九年十二月現在）

［役員］

会長　鏡味 仙三郎
副会長　鏡味 繁二郎
常任理事　鏡味 仙志郎
理事　翁家 和助
理事　鏡味 正二郎
理事　翁家 勝丸
相談役　鏡味 健二郎
監事　やなぎ 南玉
茨城支部長　柳貴家 正楽
会計　翁家 和助
会計補佐　鏡味 正二郎
総務　翁家 勝丸
総務補佐　鏡味 味千代
総務補佐　鏡味 仙成

［会員］

翁家 小楽
翁家 和助
翁家 小花
翁家 勝丸
鏡味 仙三郎
鏡味 仙志郎
丸一 仙三
丸一 仙花
鏡味 仙成
鏡味 健二郎
鏡味 勇二郎（ボンボンブラザーズ）
鏡味 繁二郎（ボンボンブラザーズ）
鏡味 正二郎
鏡味 味千代
春本 小助
鏡味 小時
鏡味 よし乃
ラッキー 舞
豊来家 一輝
豊来家 板里
松本 源之助
やなぎ 南玉
柳貴家 正楽
柳貴家 雪之介
豊来家 大治朗
豊来家 幸輝

略歴

鏡味仙三郎（かがみせんざぶろう）

一九四六年岩手県生まれ。一九五五年十二代目家元鏡味小仙に入門し、一九七三年鏡味仙之助とコンビ結成。二〇〇一年仙之助死去後は二〇〇二年に鏡味仙三郎社中を結成し、寄席の高座に立ち続けている。現在、太神楽曲芸協会会長、一般社団法人落語協会理事。

愛川晶（あいかわあきら）

一九五七年福島県生まれ。筑波大学第二学群比較文化学類卒業。一九九四年『化身』で第五回鮎川哲也賞を受賞し、本格ミステリー作家としてデビュー。近年は落語ミステリー、寄席ミステリーを中心に執筆し、『高座の上の密室』（文春文庫）では太神楽をテーマにした作品を発表して話題となった。主な作品に『「茶の湯」の密室』『手がかりは「平林」』（原書房）、『高座のホームズ』『黄金餅殺人事件』『高座のホームズみたび』『道具屋殺人事件』『芝浜謎噺』（中公文庫）、『再雇用されたら一カ月で地獄へ堕とされました』（双葉文庫）などがある。本書では編者を務めた。

中村茂子（なかむらしげこ）

國學院大學文学部文学科卒業後、東京国立文化財研究所芸能部民俗芸能研究室主任研究官などを経て、一九八七年、東京国立文化財研究所芸能部民俗芸能研究室長。二〇〇一年に退任するまでの間に、千葉県文化財保護審議委員、東京都文化財保護審議委員を歴任。主な著書に『日本庶民文化史料集成』（第一巻、神楽・舞楽、共著　三一書房）、『日本民俗研究体系』（第六巻、芸能伝承、共著　國學院大學）、『奥三河の花祭り――明治以後の変遷と継承』（岩里書店）など。本書では査読を担当した。

鏡味健二郎（かがみけんじろう）

一九三五年東京都生まれ。一九四七年鏡味時二郎に入門。一九五一年キャンデーボーイズ結成。一九九二年からは鏡味次郎とキャンデーブラザースとして活動したが、二〇〇七年次郎死去以降は一人で高座を務めている。江戸太神楽界の最長老。

田中真弓（たなかまゆみ）

東京都出身。声優、女優。青山学院女子短期大学卒業。青二プロダクション所属。劇団「おっ、ぺれった」を主宰して公演を続ける一方、「ONE PIECE」のモンキー・D・ルフィ役、「ドラゴンボール」のクリリン役、「天空の城ラピュタ」のパズー役など数多くの人気アニメに出演し、活躍している。特技はジャグリング。

【カバー切り絵】林家正楽
【撮影協力】鈴本演芸場
【写真撮影】新堀勝明・石毛力哉
【写真協力】林家正雀・アフロ・共同通信

太神楽《だいかぐら》

寄席《よせ》とともに歩《あゆ》む日本《にほん》の芸能《げいのう》の原点《げんてん》

●

2019年12月30日　第1刷

著者…………鏡味仙三郎《かがみせんざぶろう》

装幀・本文AD…………藤田美咲

発行者…………成瀬雅人

発行所…………株式会社原書房
〒160-0022 東京都新宿区新宿 1-25-13
電話・代表 03 (3354) 0685
http://www.harashobo.co.jp
振替・00150-6-151594

印刷・製本…………シナノ印刷株式会社

ISBN978-4-562-05719-1, Printed in Japan